秘められた名古屋

訪ねてみたいこんな遺産《とこ》

水野孝一・粟田益生・冨永和良・
水谷栄太郎・小宅一夫・山田和正　著

風媒社

護国神社内にある戦艦大和記念碑（中区）→本書 33 ページ

将軍が絞の品定めをした座敷（緑区）
→本書 71 ページ

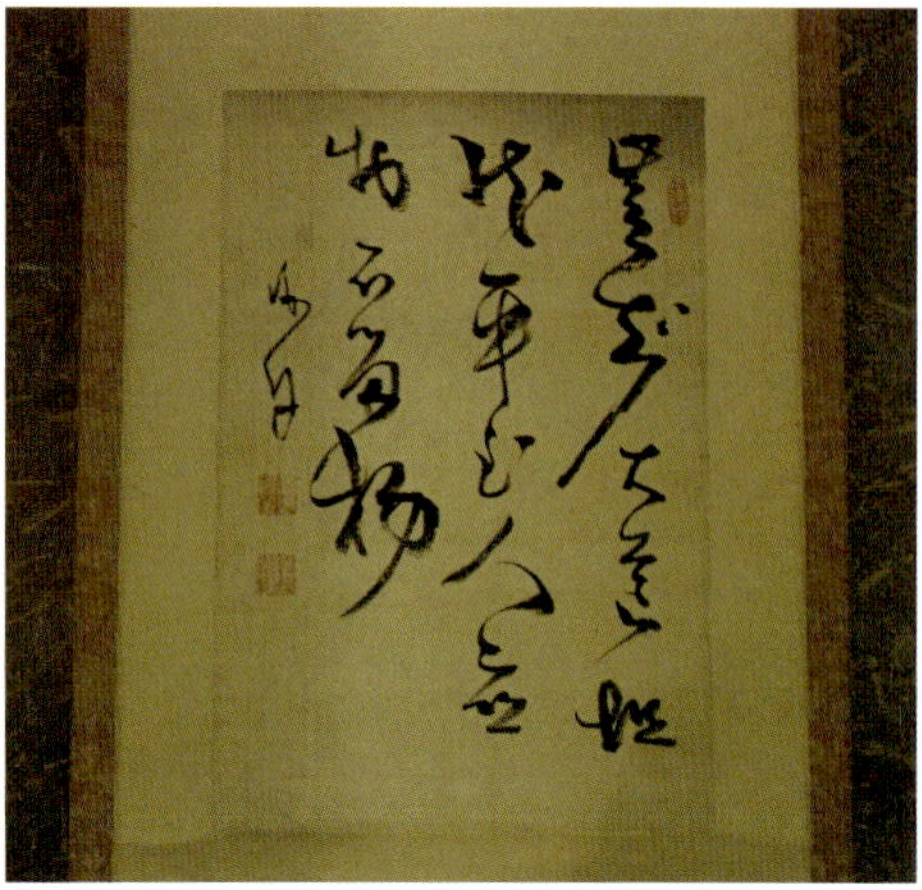

茶室に掛けられた勝海舟の書（緑区）
→本書 71 ページ

有松町並み保存地区内の竹田家・笹加の屋号（緑区）
→本書 71 ページ

日本で唯一のチベット密教寺院、チャンバリン（守山区）→本書 96 ページ

ルーテル・アワー中部本部
（日本福音ルーテル復活教会提供）
→本書 41 ページ

幼子イエスのピースサイン
恵方教会の母子像（昭和区）
→本書 82 ページ

日泰寺・奉安塔の前にある釈迦仰臥像（千種区）→本書 99 ページ

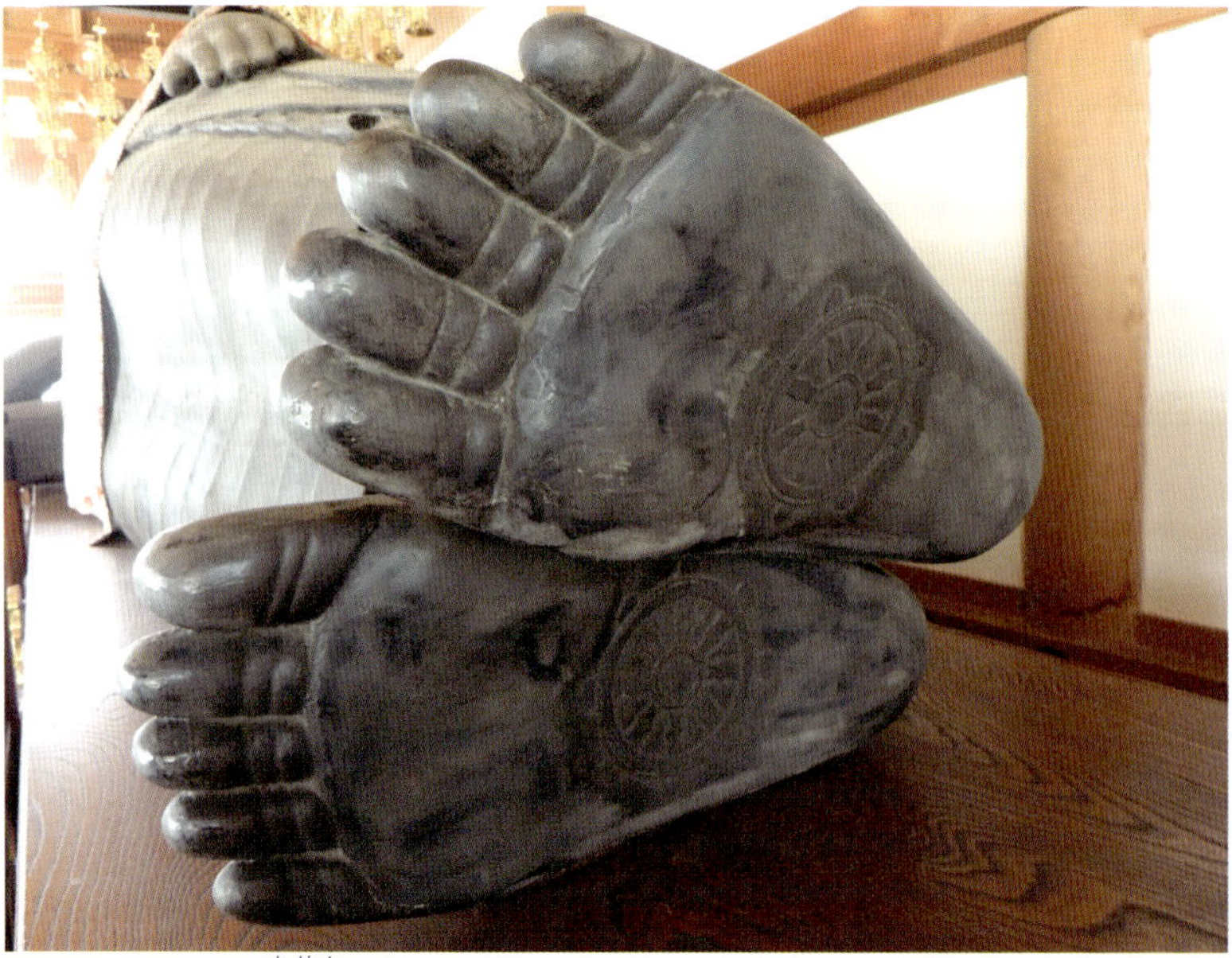

大乗教総本山の涅槃《ねはん》像（熱田区）→本書 99 ページ

中川口艀溜《はしけだまり》（昭和 30 年代、港区）
名古屋港管理組合所蔵→本書 28 ページ

現在の中川口艀溜、中川橋から閘門《こうもん》を望む
→本書 28 ページ

堀川沿い四間道の町屋（西区）→本書 77 ページ

末盛通交差点から眺められる
昭和塾堂（千種区）
→本書 51 ページ

建中寺の霊廟の一部が移築された
貞祖院（東区）→本書 60 ページ

「蒙古襲来絵詞絵巻」（東区）→本書 60 ページ

二代目尾張藩主光友から鍋屋が拝領した木造大日如来像（東区）→本書 54 ページ

軍馬・軍用犬・軍用鳩の慰霊碑（中区）
→本書 22 ページ

カラフルな金属製の狛犬
（熱田区）→本書 109 ページ

はじめに

「芸どころ名古屋」は昨今、世界から見ればサムライの聖地やコスプレの聖地となりつつありますが、名古屋は「文化不毛の地」だとか「大いなる田舎」だとも、よくいわれます。確かに、名古屋は東京・大阪間の単なる通過点かもしれず、奈良・京都を凌ぐような観光地でもありません。

しかし、実は私たちが普段、何気なく歩いているこの名古屋のまちには、「人」にまつわる歴史的な文化遺産がそこかしこに眠っているのです。「芸どころ」と「不毛の地」と、名古屋の評価が分かれるのはなぜでしょうか？　それは秘められているからです。

秦の始皇帝に命じられ、徐福は不老不死の仙薬が茂る「蓬莱」を探し求め、ついには始皇帝を欺いて密かに「蓬莱」へ移り住んだと伝えられています。実はこの「蓬莱」は名古屋にある熱田の別称でもありました。そう考えると名古屋はもともとが秘められた地なのかもしれません。

信長・秀吉・家康と、当地域は三英傑の発祥の地であることはよく知られています。でも、源頼朝が今でいう名古屋市熱田区の出であるように、この地は多くの武将や大名を育み、各地に配した人材の宝庫でもあり、東海道の要所として著名な人物が訪れた地であることは意外と知られていません。

瑞穂区で杉原千畝《ちうね》や江戸川乱歩が青春時代を過ごしています。時代をさかのぼれば宮本武蔵は南区の笠寺に逗留した際に、尾張藩の要請により弟子を残し、武蔵の剣術は円明流となってこの地に遺されています。幕末には時の将軍徳川家茂《いえもち》が新撰組（の前身である浪士組）にも警護されつつ、和宮《かずのみや》可愛さに緑区の有松まで、絞を買いに二度も足を運んだと伝え聞きます。

さらに遡れば日本武尊《やまとたけるのみこと》は現在の緑区のあたりで宮簀媛命《みやすひめのみこと》と再会したからこそ、今も熱田神宮に草薙の剣があるのです。あるいは楊貴妃が名古屋の出だったなんて、みなさんご存じでしたか？


本書は、平成25年度の名古屋都市センター市民研究員が酷暑の名古屋を巡り歩き、その足でかき集めた研究報告『那古野《なごや》まち歩き新発見』をもとに、新たな追加取材を加えて再編集したものです。

秘められた史実（時には珍解釈もあり）をまずは読んでみてください。秘すれば花、本書には、まちにくり出すためのきっかけがたくさん散りばめられています。超高齢社会となった現在、健康長寿のための仙薬は、まち歩きの文化であろうと私たちは考えています。見慣れた故郷の安心感に包まれながら好奇心を刺激してくれる秘められた遺産。まち歩きこそ、老若男女がいくつになっても健やかに過ごせる仙薬であろうと。まるでひつまぶしのようなさまざまなテイストが集まった文化遺産を楽しんでいただければ幸いです。（山田）

本書の関連地図

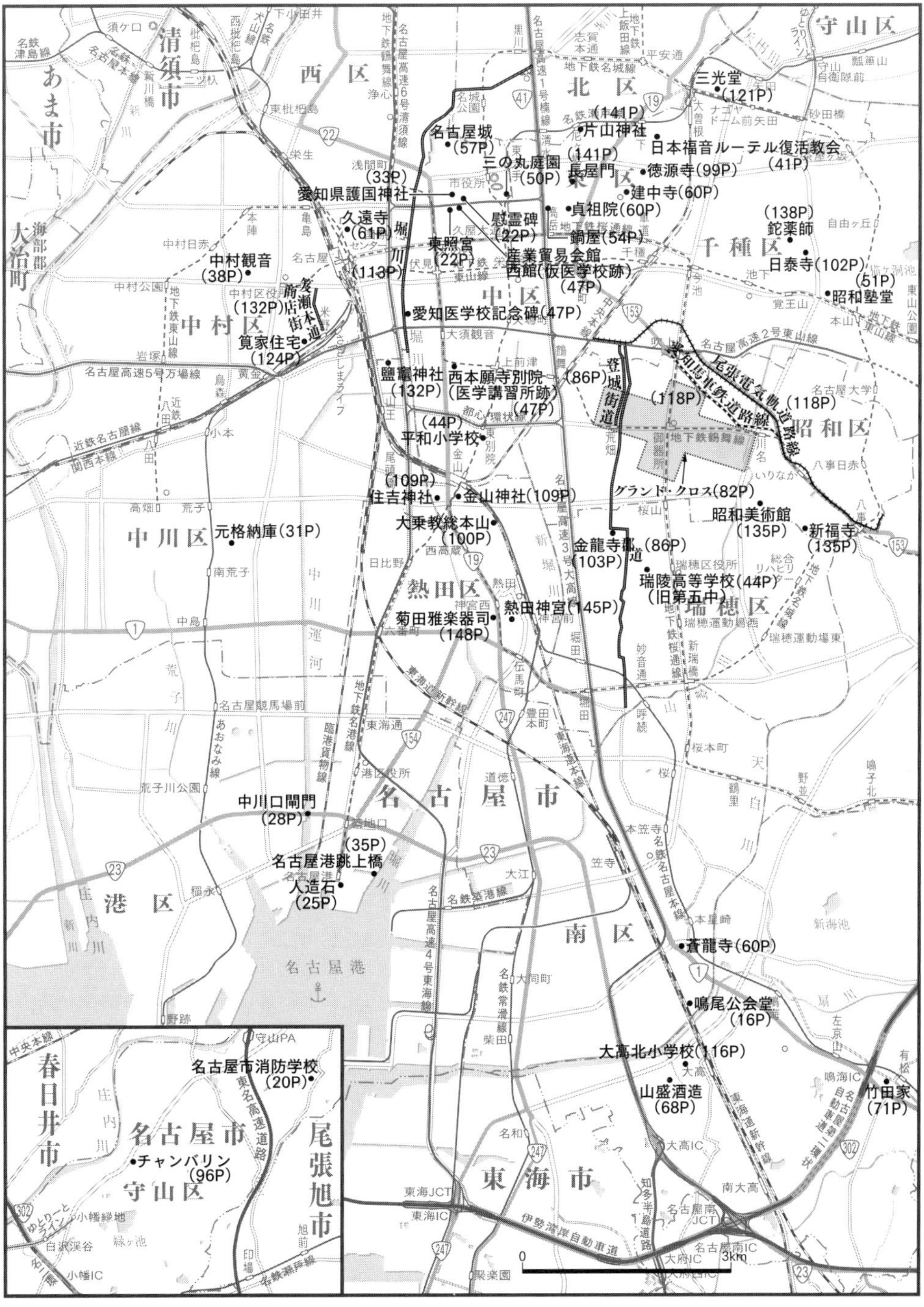

守山区
清須市
あま市
大治町
海部郡
西区
北区
東区
千種区
中区
中村区
昭和区
中川区
熱田区
瑞穂区
名古屋市
港区
南区
東海市
三光堂(121P)
(141P)片山神社
日本福音ルーテル復活教会(41P)
名古屋城(57P)
三の丸庭園(50P)
(141P)長屋門
徳源寺(99P)
建中寺(60P)
(33P)愛知県護国神社
慰霊碑(22P)
貞祖院(60P)
鍋屋(54P)
久遠寺(61P)
堀川(113P)
東照宮(22P)
産業貿易会館西館(仮医学校跡)(47P)
(138P)鉈薬師
日泰寺(102P)
(51P)昭和塾堂
中村観音(38P)
(132P)笈瀬本通商店街
愛知医学校記念碑(47P)
覚家住宅(124P)
登城街道
(86P)
(118P)
尾張電気軌道路線
愛知馬車鉄道路線
(118P)
塩竈神社(132P)
西本願寺別院(医学講習所跡)(47P)
(44P)平和小学校
(109P)住吉神社
金山神社(109P)
グランド・クロス(82P)
昭和美術館(135P)
新福寺(135P)
大乗教総本山(100P)
元格納庫(31P)
金龍寺(103P)
都道(86P)
瑞陵高等学校(44P)(旧第五中)
熱田神宮(145P)
菊田雅楽器司(148P)
中川口閘門(28P)
(35P)名古屋港跳上橋
人造石(25P)
名古屋港
蒼龍寺(60P)
鳴尾公会堂(16P)
大高北小学校(116P)
山盛酒造(68P)
竹田家(71P)
0
3km
春日井市
名古屋市消防学校(20P)
名古屋市
尾張旭市
チャンバリン(96P)
守山区

秘められた名古屋――訪ねてみたいこんな遺産《とこ》◉目次

II いまに息づく江戸

III 街の趣き、歴史を探る

Ⅳ 伝説を歩く

I

近代の面影を探して

日本最古の学び舎
——鳴尾公会堂

【南区】

明治はじめの名古屋

鳴尾公会堂を説明する前に、まず、その歴史的な背景を紹介したい。

名古屋市の歴史は、1889年（明治22）の市制施行以降の歴史が中心となっているため、維新後の歴史は、ほとんど知られていない。まずは、この点を整理してみた。

1869年、明治維新の翌年、旧尾張藩は名古屋藩と改称し、知藩事には旧藩主が就任した。1871年に廃藩置県がおこなわれ、名古屋藩は名古屋県となった。官選の初代知事は井関盛良《いせきもりとめ》（旧宇和島藩士）。当時の名古屋県のエリアは尾張地域のみ。翌年名古屋県は愛知県と改称。この年に三河地域を合併して、現在の愛知県ができた。

愛知県が発足した時、当時の名古屋は、愛知県愛知郡第一大区と呼ばれた。その後、第一大区は第一区となり、1878年の郡区町村制にともない、名古屋区と改称された。初代区長は吉田禄在《ろくざい》（旧尾張藩士、第一区長）。さらに、1889年、市制及び町村制が施行され、名古屋区は名古屋市となった。初代市長は中村修（旧尾張藩士）。当時の市域は、ほぼ現在の中区と東区の一部である。

◉所在地＝南区元鳴尾町 138
◉交通＝市バス「鳴尾町」

鳴尾公会堂

洋風建築を取り入れた玄関

明治の小学校

1872年（明治5）、学制の施行により、当時の名古屋や鳴尾村にも学校ができた。名城小学校、大須小学校、山吹小学校などは創立が1872年となっているが、創立当初は寺の中、つまり、寺子屋の延長だった。明治初期の小学校のほとんどは、寺や屋敷の大きい商家や農家などからスタートしたのである。

それでも3年後の1875年には、全国で2万4000校あまりが設置されている。この数字は現在の小学校の数とほぼ同じであり、明治政府の力の入れ方がわかる。なお、当時の就学率は男女合わせて約35％しかない。

1879年、教育令が施行され、町村ごとに小学校が設置されることになった。この年に開校した鳴尾学校は、当時、近隣の学校がまだ寺などを仮校舎としていた時代にあって、画期的なことだった。

当初の学校は、小学校尋常科と呼ばれた。その後、尋常小学校、そして国民学校初等科と推移した。

当時は6歳から9歳までの下等4年と10歳から13歳まで

年代物の黒板

の上等4年に2区分され、下等4年が義務教育期間だった。この制度は1886年小学校令が施行されたことで、尋常小学校（4年間、のちに6年）と高等小学校（4年間、のちに2年間）に変更された。

　当時の授業は、1、2年生が修身、国語、算術、唱歌、体操、3年生以上は図画、理科、裁縫（女子のみ）、国史、地理が加わった。

鳴尾小学校の前身

1871年（明治4）、名古屋県の設立で、横須賀出張所（現在の東海市、初代所長は旧尾張藩家老、敷地は旧代官所跡）が設置され、庁舎が新築された。

　その後、知多郡役所（半田町）が設置されたため、横須賀出張所の必要性がなくなった。この空き家となった出張所を鳴尾村が払い下げをうけ、現在地に移設して学校とした（開校年は1879年）。これが現在も残る鳴尾公会堂のルーツ。

鳴尾小学校

移設した建物は、すべて畳敷きで、一見伝統的な和風建築にみえるが、玄関まわりに洋風建築が取り入れられ、明治初期の官庁建築をしのぶことができる。建坪は約40坪（132・32㎡）。2つの教室が並び、1つの教室を2学級が使う複式授業方式で、校長が上級生を、訓導（教諭）が下級生を教育した。

　その後、鳴尾村は廃止され、笠寺村の一部となる。1907年に旧鳴尾小学校は、愛知郡笠寺村立笠寺尋常小学校の鳴尾仮校舎となった。その後、笠寺村は名古屋市に編入され、さらに幾多の変遷をへて、1948年に廃校となった。開校以来、本校として29年間、分教場として8年間、あわせて37年間、旧鳴尾村の子供たちの学舎《まなびや》となった。

小学校から公会堂へ

1921年（大正10）、笠寺村は、名古屋市に編入され、現在の南区の一部となった。その結果、それまで鳴尾村の村有財産だった鳴尾学校も名古屋市有となった。

　しかし、旧村民の誇りだった鳴尾小学校を、旧村民の共有財産としてなんとか残したいと、地元の有力者、久野園次が名古屋市に働きかけた。その結果、敷地・建物ともに払い下げが決まり、鳴尾学校をつくった旧三村（鳴尾村ができる前の旧荒井村・旧牛毛村・旧伝馬新田）の共有財産となった。

　その後、学校は公会堂（公民館）となり、地域住民の寄合場所となった。

　地盤条件のよくない南区南部にあって、１８９１年の濃尾地震、１９４４年の昭和東南海地震、１９４５年の三河地震、１９５９年の伊勢湾台風にも耐えて、ほぼ創建当時の建物が今に残っている。これは日本の木造建築のすばらしさを物語っているとは、公会堂の保存に熱心な地元「南歴遊会」の安井勝彦氏の話。

鳴尾学校の歴史的価値

　これまで日本で一番古い小学校とされてきたのは岡山県高梁市にある吹屋小学校である。１８７３年（明治６）の開校だが、現存する校舎（県指定文化財）は明治30年代と40年代のもの。開校以来、小学校として使われてきたという意味で現役最古の小学校とされてきたが、２０１２年に廃校になった。

　長野県松本市にある旧開智学校は１８７３年の開校であるが、現存する校舎（重要文化財）は１８７６年のもの。

　岡山県備前市にある閑谷《しずたに》学校（特別史跡）は、旧岡山藩が建てた庶民のための学校。建物の歴史は江戸時代にさかのぼるが、小学校としては使われていない。

　愛媛県西予市のある四国最古の小学校、開明学校は開校が１８７２年だが、校舎（重要文化財）は１８８２年のもの。

　静岡県賀茂郡松崎町にある伊豆最古の小学校、岩科《いわしな》学校（重要文化財）は、１８８０年のもの。

　鳴尾学校の開校は１８７９年であるが、校舎は１８７１年のもの。当初は官舎として建てられたが、移設後は小学校として利用された。１８７１年という古さからいえば、日本最古の小学校舎といってもさしつかえないだろう。

　なお、現在はほとんど使われておらず、内部は非公開。

（冨永）

蒸気ポンプの消防車とベンツ製のはしご車

【守山区】

蒸気ポンプ消防車と手押しポンプ

蒸気ポンプ消防車

蒸気ポンプは1829年(文政12)、イギリスで発明され、消防車としては1870年(明治3)ごろから日本に輸入されるようになった。

しかし、当時6000円と高価であったため、1900年ごろから国産されるようになったという。

この蒸気ポンプ消防車は東京市日本橋蛎殻町《かきがらちょう》の市原喞筒《しょくとう》諸機械製作所で製造されたもので、当時の価格が3363円あまり(現在の2000万円相当)といわれている。

明治の終わりから大正の初めにかけて消火活動に活躍したといわれているが、火事が発生して、火を焚いて蒸気圧を上げるまでに15分もかかり、人力で現場まで引いてゆくので機動性に欠け、ガソリンポンプの発達とともに現役を退いた。現在は教材として名古屋消防学校内に保管されている。

ポンプの性能は、発生馬力が三〇馬力、放水量が毎分1200~1500ℓ、筒先圧

◉所在地＝守山区下志段味長廻間 2280-12
名古屋市消防学校内

◉交通＝ゆとりーとライン「志段味サインエンスパーク」徒歩３分

力が4kgf／㎠～5kgf／㎠、最大放水距離が40～50mである。

ベンツ製はしご消防車

ベンツ社製はしご車

1920年（大正9）、現在の建築基準法の前身である市街地建築物法が施行。建築の高さが住宅地以外は31m以下に決められた。その後東京には高層建築が多数建築され、1935年の調査では3階建て以上の建物が2211棟に及んだ。

1932年（昭和7）12月16日、歳末でにぎわう東京日本橋の白木屋デパートで発生した火災があった。この火災は、昭和になって高層建築における最初の火災であり、4階から8階まで焼失、多数の死者と負傷者を出した。

死者の多くは女性だった。ロープで脱出を図ったものの、風にあおられて、思わず着物の裾を気にして手を離してしまったことによる墜落事故も起きたようだ。

この時出動したはしご車が4階までしか届かなかったこともあり、名古屋では高層建築関係者などの協力を得るなどして、総額7万5000円でドイツのダイムラーベンツ社製のはしご車が輸入された。

1935年5月13日、愛知県中消防署（当時は東区武平町4－15、現在の中区役所辺り）に配置された。

1960年、現在の中区栄一丁目に移転し、1968年までの33年間にわたり名古屋市の消防を代表するはしご車として活躍した。はしご車が活躍した事例には1942年、中区広小路にあった十一屋デパート7階の火災（死者1名）や、1951年中川区八島町の中日スタジアムの火災などがある。

このはしご消防車の性能は、車体総重量8・5t、全長9・24m、車幅2・5m、車高2・8m、はしご伸長30m、規格放水量2500ℓ／毎分、最高圧力約82kg、エンジン6気筒、95馬力となっている。

ちなみに国内最新鋭のはしご消防車の性能は、全長10m、車幅2・5m、全高3・5m、送水能力2600ℓ／毎分。

はしごの長さは15～50mまであり、先端にバスケット（180kg積載可能）とエレベーターを装備。（水野）

【中区】

戦場に駆り出された動物たち

——軍馬・軍用犬・軍用鳩の慰霊碑

動物たちの過酷な運命

軍馬・軍用犬・軍用鳩の慰霊碑は、外堀町本町交差点から北に本町橋を渡り、名古屋城外堀の石垣の外側と外堀の間にある細長い空き地の奥にひっそりとある。次ページ下の写真は、本町橋から東を見たところで、右手には外堀が武平町から堀川まで続いている。

明治維新後の日清、日露戦争そして第二次世界大戦でも、日本軍は無謀なる侵略戦争をおこなった。

とりわけ兵站《へいたん》（軍需品などの輸送、補給、修理あるいは後方連絡などをおこなう機関）を軽視し、大和魂という非合理な精神主義のみを掲げた戦いを続け、そのため多くの軍人、軍属を戦場で失った。

戦争に駆り出されたのは人間だけではない。指揮官の乗馬や、大砲や機関銃などの兵器、弾薬、糧秣《りょうまつ》（軍人および軍馬の食料をいう。ちなみに兵隊には一日当たり精米６４０g、精麦２００g、缶詰肉１５０gなど３８００kcal、馬には大麦５２５０〜４２００g、干草３７５０g、藁３７５０gが与えられた）などの輸送には多数の軍馬が徴用され、中国大陸や南方などに派遣された。

日中戦争などで大陸に渡った軍馬は１５０万頭ともいわ

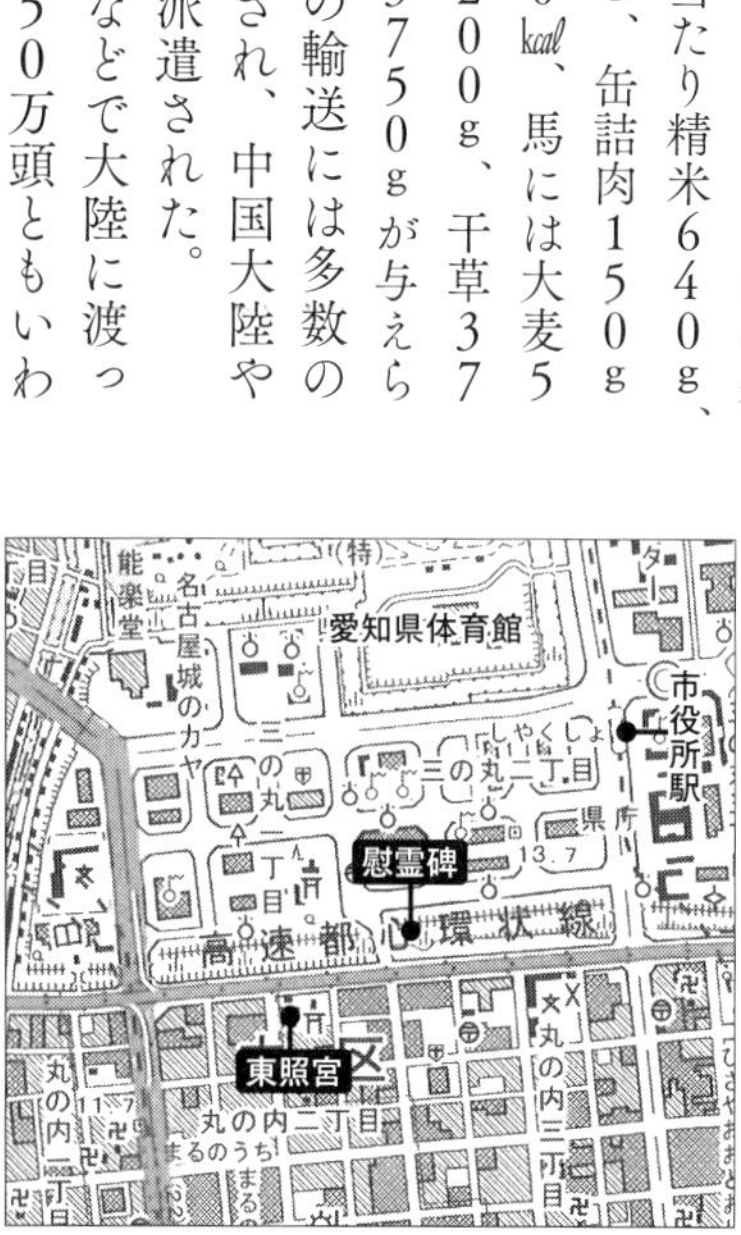

●所在地＝名古屋市中区三の内 2-7、外堀内
●交通＝地下鉄「市役所」

軍馬、軍用犬、軍用鳩の慰霊碑

本町通りからの遠望

れる。国内の馬は激しく減少し、農業生産にも差し支えたため、優秀な軍馬増産が奨励された。

また、戦場における連絡や警備・哨戒などには軍用犬が、連絡には伝書鳩が使われた。これらの動物は、戦場で倒れたり、さらには悲惨にも糧秣の不足にその肉を利用されたり、敗戦に際してはそのまま現地に棄て去られるなど過酷な運命にさらされた。

一方、軍の中では人間より馬の方が大事だった。馬の世話をさせられた人の話では、上官から「貴様たちは赤紙（兵隊の召集令状をいう）1枚でいくらでも補充がつく」といわれたという。

なぜ碑がつくられたのか

この慰霊碑には、前面上部に「軍馬軍犬軍鳩慰霊碑」と刻まれている。中央に大きく軍馬が、その上に3羽の伝書鳩、軍馬の下にシェパードらしき軍犬が浮き彫りにされ、碑の上部には鉄帽らしきものが載せられているが、詳細は不明。台座に第三師団と彫られているので、軍が関係団体や個人から拠金を募ってつくらせたものではないだろうか。

1939年（昭和14）6月の建立。当時はいまだ日米開戦の前ではあったものの、日中戦争のさなか。大陸での彼らの苛酷な運命を慰霊し、さらには軍馬の生産増大を図る必要があったものと考えられる。

碑の大きさは、高さ約80㎝の台座の上に、たて約2ｍ、横約3ｍ、厚さ約30㎝、御影石製の碑が西に面しておかれている。

碑面の裏には協賛者個人として当時の名古屋財界の有力者、伊藤次郎左衛門、豊田利三郎、青木鎌太郎、岡谷惣助、高松定一（第14代名古屋商工会議所会頭）、陸田志やう（旧名大医学部分院ビルの寄贈者）、千田千太郎（岡崎商工会議所会頭）などと日本伝書鳩協会、名古屋乗馬連盟、愛知畜産組合連合会、名古屋馬匹畜産連盟、帝国馬匹協会などが刻まれている。なお、左わきにはこの碑の設計製作者は、岡崎市、池上年と刻まれている。

第二次世界大戦の中、国外に渡った軍馬、軍犬で日本に帰国したものはほとんどゼロといってよく、動物たちは苛酷な生涯を終えたのだった。

（水野）

明治末期の名古屋城周辺地図（明治 43 年）

築港工事に使われた混擬土代替の人造石

【港区】

混擬土とは?

標題の「混擬土」という文字を見てすぐに「コンクリート」と読める人はある程度の年齢の人か、その道の専門の人に違いない。海外からの新技術の名称を日本語化したものだが、そう思ってよくみればコンクリートと読めなくもない。なかなかよく考え抜いて決めたものだと感心する。コンクリートは、明治時代には外国から導入されていたから、昭和の中頃までの書籍に(といっても多くは土木関係の書籍だろうが)この文字が使われていた。

しかし、新しいものは大抵の場合、高額なものと相場が決まっている。だから、大量にコンクリートを使いたくとも費用面から躊躇される場合が多かったことは想像に難くない。

服部人造石

人造石とは、もともと三河の新川町にいた服部長七《ちょうしち》という左官が考案したものだった。

その技術は、割り石積みの石垣の空隙に敲《たた》き土《つち》を詰め込んだものと思えばいい。割り石同士は接触せず、敲き土で離されており、その点、一般の石積みに施す目地《めじ》とは異なっている。ただ、耐久性を増すために最終的にモルタル

◉所在地＝港区港町
◉交通＝地下鉄「名古屋港」

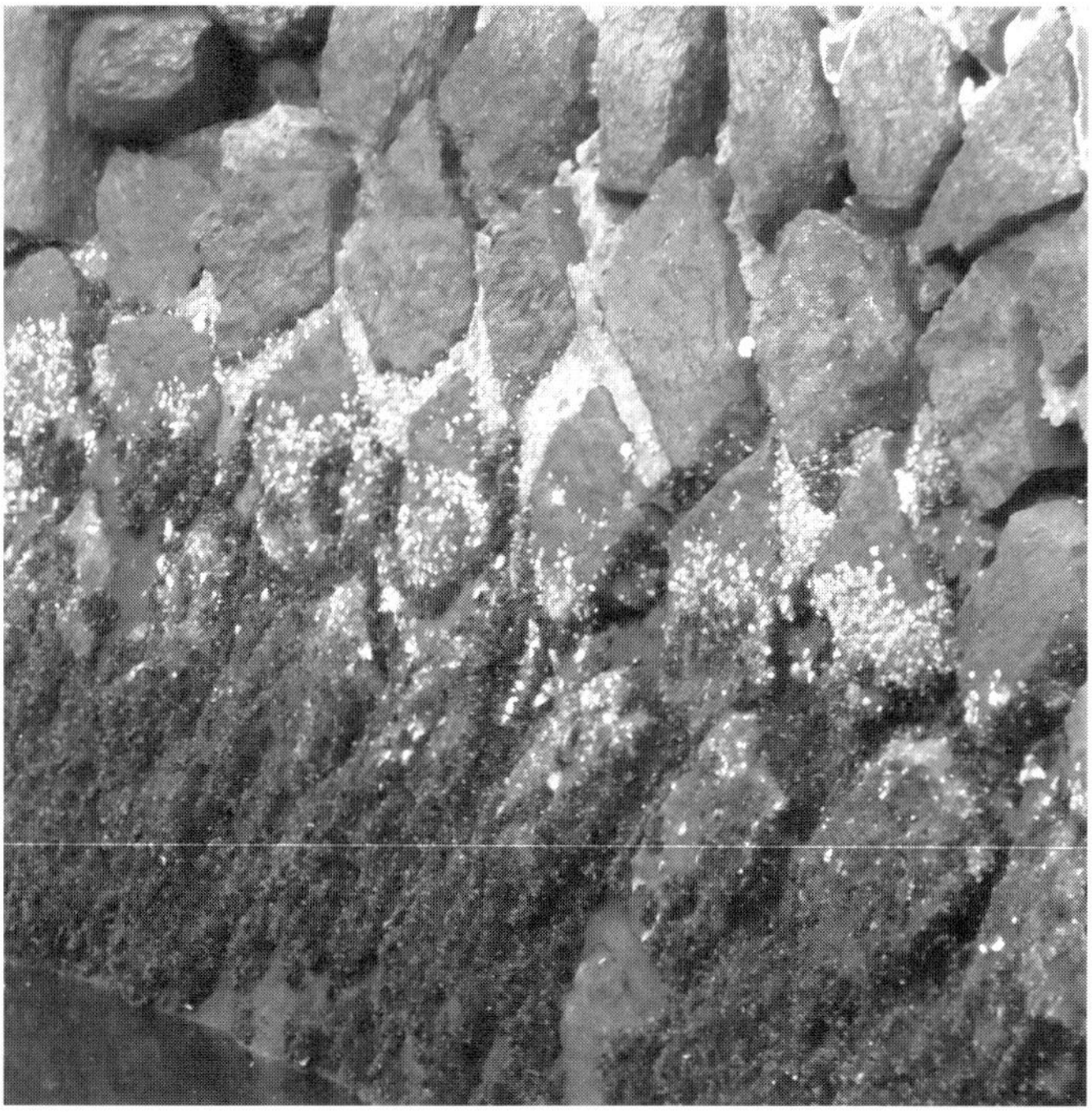
わずかに残る人造石の護岸

で目地のように仕上げられているので、外観から判断するときには注意を要する。

　敲き土の材料は、種土、石灰、水、固結薬である。種土は花崗岩が風化して分解したものが主なもの。石灰は美濃国赤坂産の消石灰がよいとされている。水は海水がよいとされているが、これは海水中にある吸湿性を保つ成分があるからだという。固結薬は明らかではないが、いわゆる「三和土《たたき》（叩き、敲き）」で使用する「苦汁《にがり》」のようなものではないかと推定される。

　工法には謎が多いが、長七は、自分自身の技術に絶対の自信を持っていたに違いなく、人造石のことを自ら「服部人造石」と呼んでいた。

名古屋港発展の礎に

　名古屋港が近代港湾として大きく躍進を始めたのは明治時代である。名古屋圏は昔からものづくりが盛んだった。ところが名古屋には熱田湊《みなと》とか熱田港と呼ばれた港がありながら水深が浅いために大きな船が入ってこられなかった。多くの物資が四日市港経由で海外へ輸出されていたのである。

四日市港の繁栄を見るまでもなく、名古屋財界では、地域の生産物を名古屋から直接世界へ向けて送り出すための港が必要だという強い認識が生まれた。多くの費用が港づくりに投じられることになったが、それは生やさしい額ではなかったろう。

事業費が最もかさむのは、大きな船が入港できる水深を確保するための浚渫《しゅんせつ》事業である。次は、船を接岸する物揚場や護岸、堤防などの建設と続く。どの施設を建設するにも大量のコンクリートを必要とする。しかし、そのころ日本製コンクリートは品質が今ひとつ。量も少なかった。かといって輸入品を使用すれば限られた施設しか手当できないのが現状だった。

建設に携わる者にとって、事業費の軽減は至上命令である。そこで着目されたのが服部人造石だった。

当時、築港と呼ばれた名古屋港の開発を担っていたのは愛知県の港務所だった。港務所は、人造石使用に実績のある宇品港すなわち現在の広島港へ職員を派遣。実態調査の結果、コンクリートに匹敵する強度を持っていることが確認されたため、工事の標準化などをおこなって名古屋港の建設に使用することにした。

かつて名古屋港の港湾施設のほとんどが服部人造石でつくられていたこと、全国でも最も多くの服部人造石が使われていたことなどは、一部の人にしか知られていない。港湾施設という特殊性もあるが、伊勢湾台風でほとんどの服部人造石が破壊されたことにもよる。伊勢湾台風後は、服部人造石を知る人も、それらがどこに残っているのかも曖昧となり、一部の郷土史家によって研究が続けられているに過ぎなかった。

しかし、2010年（平成22）8月、人造石護岸の一部を切り取ったものが名古屋港管理組合により設置された。脇には庁舎建設に伴って出てきた護岸であることなどが説明されている。（栗田）

人造石のモニュメント

中川運河にある船のエレベーター

【港区】

水上生活している人（炊事をしているところ）昭和40年頃の風景
（名古屋港管理組合所蔵）

中川運河

名古屋市の地図を広げてみると市の中心やや西にある中川運河が南北にほぼ一直線だと気がつく。人工的に掘られた運河だからなのだが、その機能はかつて名古屋の繁栄を支えてきた歴史を持っている。

この運河の概要を簡単に示せば次のとおり。1895年（明治28）ころ、名古屋駅周辺の都市化と産業が進展し、駅と港を結ぶ運河建設の必要性を求める世論が高まった。大正の初めから計画が始まり、大正末期の1926年10月、工事に着手し、1932年（昭和7）に完成。総延長は8・4kmで幅は36～91m。水深は船の航行のために常に3mに保たれている。長良橋以南の5kmがほぼ直線となっているのが特徴である。

運河建設に併せて沿線に工業用地が計画されたことから、中川区と港区の沿岸は今も工場地帯である。中川運河は港湾施設の一つであり、臨港交通施設という位置づけになっている。

中川運河の河口には中川橋があり、その上流側に広い水

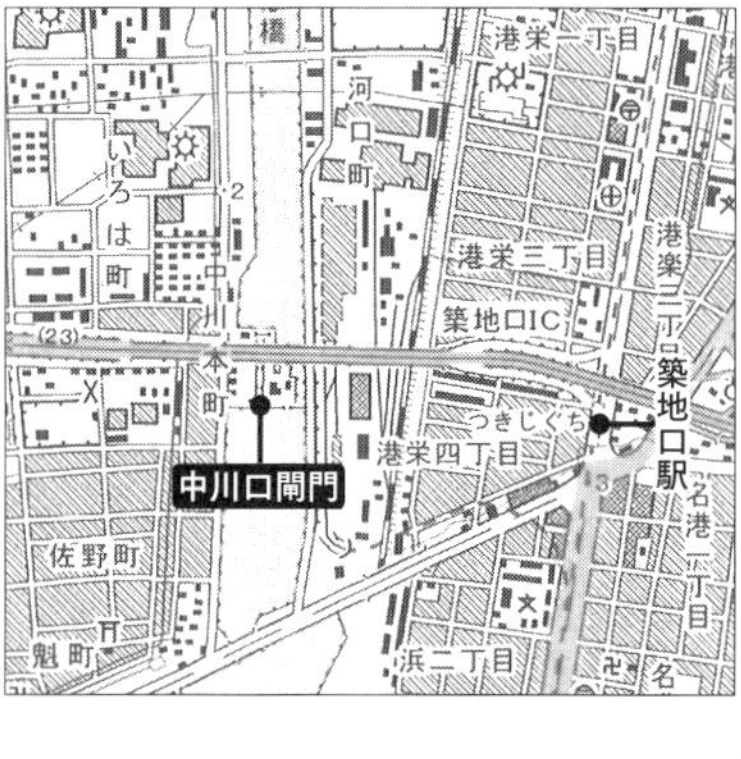

◉所在地＝港区中川本町
◉交通＝市バス「運河事務所前」または地下鉄名港線「築地口」

閘室へ入る筏《いかだ》（名古屋港管理組合所蔵）

面がある。中川口艀《はし》溜《けた》まりと呼ばれた水面で、1970年ころには多くの艀で埋まっていた。艀の上で煮炊き・洗濯など水上生活をする人たちもいたことから、水面町と呼ばれ、立派に郵便物も届いた。

中川口閘門

艀溜りの上流側には中川口閘門《こうもん》または中川口通船門と呼ばれる施設がある。これがなければ、海が満潮のときには中川運河へ海水が流れ込み、

完成当時の中川口閘門とポンプ所（名古屋港管理組合所蔵）

市内の低地が浸水する。逆に名古屋港の干潮時には中川運河が浅くなり、船の航行ができなくなるため、重要な施設である。

船の航行には前後に扉を持つ閘室《こうしつ》に船を入れ、水位差を調整して上下航する船舶を通している。

具体的にいえば、奥の扉を閉めたまま手前の扉を開けて船を閘室内へいれ、入り終わったら扉を閉め、前方の扉の下にある通水のための樋《ひ》（暗渠）の扉を開ける。すると水が流れ込み、または流れ出て、閘室内と外の水位が同じとなる。水位差が同じになったら扉を開けて船を出す。1930年（昭和5）に完成したこの閘室の長さは84mで幅は約11mある。

通水門と樋門の扉の開閉には動力を使用するが、水位を

現在の中川口艀溜
（中川橋から閘門を望む）
大きな建物はポンプ所。
その左が中川口閘門

一定にするには水の自然の流れを利用しているので人工的なエネルギーを使わない。昔からエコを実践している設備なのである。この方式はかの有名なパナマ運河の閘門形式と同じであるところから「名古屋版ミニチュアパナマ運河」などとも呼ばれている。

1960年ころから65年くらいまでは、入りきれない船が外で待つほど頻繁に使われていた。統計では、最盛期の1964年の船舶通行量は1日平均205隻を数え、年間では7万隻を超えた。この年の中川運河での取扱貨物は401万tで、当時の名古屋港全体の年間取扱量の約14%を占めていた。冒頭に記した「臨港交通施設」というい方が理解できる。

しかし、国内輸送の割合が多かった中川運河沿岸の貨物輸送は船からトラックへと急速に変化した。

このため船が閘門を出入りする風景もよほど運がよくないと見られなくなってきた。閘門周辺が公園化されていて、誰もが自由に閘門を通過する船を見ることができるのに残念である。

この閘門の魅力を最大限に感じられるのは船で閘門を通過するときである。前後の扉が閉ざされ閉鎖空間に入った船が水位の上昇とともに明るい日差しを浴びるところまで上がると乗客から歓声が上がる。あたかも船のエレベーターである。体験できる機会があったらぜひお勧めする。

防災機能を併設

じつは、中川口閘門と同じものが中川運河の上流にもある。松重閘門である。名古屋駅に近く黄色い塔の建つ景観は名古屋市民に親しまれている。しかし、閘門の傷みがひどく、1976年（昭和51）1月に廃止された。

だが、上下二個所の閘門脇に設けられた水位調節のポンプ場は健在である。

2000年（平成12）9月のこと。東海地方は秋雨前線が活発化し記録的な大雨となった。雨量は過去最大の日降水量を超え「東海豪雨」と名づけられた。市内各地で浸水被害などが出たが、運河沿線の低地に被害はなかった。中川運河の二個所のポンプ場がフル稼働して浸水を未然に防いだからだ。（栗田）

【中川区】

戦争を生き延びた格納庫

組合会館の外部

前身は陸軍の格納庫？

あおなみ線の南荒子を東に入ったところに少し変わった建物がある。中川鉄工協同組合の組合会館だが、この建物、数奇な変遷をたどった貴重な戦争遺産である。

その前身は、岐阜県各務原にあった陸軍の格納庫。戦後、駐留軍に接収されて駐留軍家族のための室内体育館として転用された。現在は、組合会館として使われている。近くを通っても気づかない人が多いかもしれないが、これが格納庫、と聞かされれば「なるほど」と納得の建物である。

１９１４年（大正３）、第一次世界大戦が勃発し、飛行機の軍事利用が注目された。その状況に刺激された陸軍中央部は、いち早く将来の航空兵力の強化を考え、航空部隊を新設した。最初にできたのは所沢。１９１７年に陸軍各務原飛行場が完成している。

当時、神戸にあった川崎造船所は、１９１８年に航空機の生産を開始し、１９２３年、川崎造船飛行機部各務原分工

◉所在地＝中川区細米町 2-78
◉交通＝あおなみ線「南荒子」

戦後、現在伏見の白川公園になっている場所にあったアメリカ村
（出典：『創立50周年記念誌―名古屋中川鉄工協同組合50年のあゆみ』）

場（現・川崎重工業岐阜工場）が完成している。また、1920年には、三菱内燃機製造名古屋工場（現・三菱重工業名古屋航空宇宙システム製作所大江工場）が完成している。

これはあまり知られていないことだが、三菱が海軍用につくった零戦の初飛行の地は、陸軍各務原飛行場だった。

天井が高い組合会館内部

アメリカ村へ

アメリカ村というのは通称で、戦後まもなく、連合軍により接収された駐留軍の宿舎のこと。写真に写っている体育館は、空襲を免れた陸軍各務原飛行場の格納庫と伝えられ、アメリカ村に移設されたという。このあたりの事情ははっきりしていない（中川鉄工協同組合『創立50周年記念誌』）。

1958年（昭和33）に米軍から返還されて、体育館は組合会館として第三の人生を歩んだ。一方、アメリカ村があった敷地は都市公園として整備され、1962年に市立名古屋科学館天文館が開館している。

なお、アメリカ村がつくられた白川公園は、紀元二千六百年（1940）記念事業として計画された公園。

組合会館の概要

組合が発足したのは1957年（昭和32）。1959年に国有財産審議会で体育館の払い下げが決定され、その後、移設工事を経て、1961年年に竣工。

敷地面積2772㎡、鉄筋3階建て、延べ床面積1036㎡。組合事務所、作業場、厚生施設、共同宿舎として使用されたが、現在は、組合事務所のほか貸事務所、貸倉庫として利用されている。（冨永）

戦艦大和の主砲弾が記念碑に

【中区】

愛知県護国神社

愛知県護国神社

1869年（明治2）、最後の尾張藩主、徳川慶勝が、戊辰の役で戦死した藩士25柱を昭和区川名山町に祀り、「旌忠社《せいちゅう》」と名づけたのがはじまり。

社名は旌忠社から1875年に招魂社となり、次いで1901年に官祭招魂社、1939年（昭和14）に愛知県護国神社から愛知神社、1955年には再び愛知県護国神社へと変化した。

鎮座地も昭和区川名山町から、1918年（大正7）に北区名城公園を経て、1935年に現在地へと変化している。

祭神は、戊辰の役以降第二次世界大戦で亡くなった愛知県ゆかりの英霊9万3000余柱。

境内にある慰霊碑

古いものとしては、哀悼忠勇戦死碑（戊辰の役）、西南之役碑（歩兵第六連隊）、日清戦役碑、日露戦役碑（第三師団）がある。

第二次世界大戦のものとし

◉所在地＝中区三の丸 1-7-3
◉交通＝地下鉄「市役所」または「丸の内」

戦艦大和の砲弾

ては、戦艦大和記念碑、パラオ海軍部隊慰霊碑、海軍予備学生慰霊碑、殉職勇士彰忠碑（輜重兵《しちょうへい》第三大隊）、やすらぎの碑（独立輜重兵第五一大隊）、やまぶきの碑（山砲第三八連隊）、満州鞍山独立守備隊第二中隊慰霊碑、陸軍少年飛行兵慰霊碑、満州開拓義勇軍慰霊碑、歩兵第二二八連隊、同大隊慰霊碑、満州三〇三慰霊碑、独立野砲兵第一一・二連隊慰霊碑、丹心の碑（独立野砲兵一四大隊）、心の塔（第三一師団衛生隊）、献身の碑（傷痍《しょうい》軍人、同妻）、献水像、阿由知の桜碑（満州二六〇三部隊）、輜重兵第三連隊碑がある。

そのほか、殉職警察官之碑、殉職消防員之碑、ニッポン号世界一周大飛行碑がある。

戦艦大和記念碑

戦後、戦艦大和の生存者で、1954年（昭和29）に「東海地区大和会」が結成された。戦死した戦友や上官たちへのおもいを、生きて帰れた者たちが、遺族や遺児の育英資金などで役に立てたい、という理由からだった。そのおもいをこめて、1967年に戦艦大和記念碑が建立された。

写真の砲弾は、世界最大の艦載砲（46㎝砲、3連装、3基）だった戦艦大和の主砲弾で、この記念碑が建てられた時点では、日本に3発しかなかった貴重な戦争遺産。

当護国神社以外には、靖国神社付属の遊就館、江田島にある旧海軍兵学校（現・海上自衛隊幹部候補生学校および第一術科学校）にあった。その後、瀬戸内海から引き揚げられた砲弾が、たとえば呉市海事歴史科学館（大和ミュージアム）などにある。

主砲弾の概要は、直径46㎝、長さ1・95m、重さ1・46t、最大射程距離42㎞である。

ちなみに、世界最大の大砲は、第二次世界大戦の時、ドイツ軍がつくった80㎝列車砲である。（冨永）

【港区】

唯一残った跳上《はねあげ》橋

跳上橋って?

「跳上橋」と聞いて、どんな橋を想像されるだろうか。その昔、敵が城内に攻め入るのを防ぐために堀に渡した「つり上げ橋」とか「跳ね橋」を想像する人がいるかもしれない。あるいはゴッホの絵に描かれた運河に架かる跳ね橋を思い描く人もいるだろう。

ここでいう跳上橋は、河川または運河を航行する船舶を通すために動かす橋のことである。一般的な英語では動かすことのできる橋という意味でmovable bridgeという言い方がある。これは船を通すために跳ね上げようが、旋回させようがどちらも動く橋といっておけば済むので便利な言葉である。だが、ここで紹介する橋は、巻き上げる、あるいは引き上げる橋という意味のdrawbridgeである。

かつては洋の東西を問わず数多く見られたものだが、最近はあまり見られなくなってしまった。いまとなっては貴重なものになってしまった跳上橋のひとつが名古屋市内に残っている。

名古屋港跳上橋

地図で見ると東海道新幹線を名古屋駅から5㎞ほど南に行くと、分岐した線路が中川運河の東を通り、名古屋港ま

◉所在地＝港区千鳥２丁目と入船１丁目の間（旧１・２号地間運河）
◉交通＝地下鉄「名古屋港」

跳上橋の全景

で延びているのがわかる。臨港線の名古屋港線（東臨港線）である。1970年（昭和45）の地図には中川橋の東に名古屋港貨物駅が載っており、線路がさらに延びて平仮名の「し」のように堀川の右岸まで達していることがわかる。

ここでいう跳上橋は「し」の字の途中が横断する1・2号地間運河に架けられていたもの。かつて、港湾関係者からは「1・2号地間運河可動橋」、鉄道関係者からは「堀川口可動橋」と呼ばれていた。どちらもそのものずばりでわかりやすい名前には違いなかったが、統一する意味も含めて1998年（平成10）に文化財登録申請するにあたって「名古屋港跳上橋」と改められた。

大正時代に名古屋地方は紡績工業で目覚ましい発展をとげた。もともとこの橋は、名古屋港では原料となる綿花や雑貨の輸入量が増大し、背後輸送のために1927年に当時の国鉄東臨港線の一部として整備された鉄道橋である。

整備にあたっては、背後企業のひとつで、後に三井倉庫と改称された東陽倉庫が出した寄付金10万円をもとにして整備された。橋の北東端にはデリッククレーン（指でつくったチョキのように、垂直の柱と根元から斜めに伸びた腕があり、腕の先端に荷物を吊り、回転できる起重機）が設けられて重量物を積み込み、堀川沿いの日塩桟橋からは多くの

レールの結合装置

機械室の内部

塩の運搬もおこなわれた。だが、このクレーンも桟橋も今は撤去されて存在しない。

幅が約50mある運河に架かる橋として、全体の長さは63・4mで、幅は4・7mある。4径間あり、可動部分（鋼製跳開可動橋）の1径間の長さは50尺（純径間）で、他の3径間（固定鋼板桁橋）は40尺である。

可動部は、電動機により1回の開閉時間を2分で上下させる能力があった。レールは油圧式で結合させる。カウンターウェイトはコンクリート製である。

時代が変わるとともに輸送形態がトラックに移り変わって、鉄道の利用が少なくなり、1986年、周辺の臨港線とともに跳上橋も廃止された。

その後、名古屋港における景観資源の活用調査の中で希少性・特異性などの観点とともに産業遺産としての歴史的な価値も見直され、1999年11月20日、登録有形文化財に指定された。

現在は、機械室の中にあった主な機械も取り外され、可動部は跳ね上げたまま固定されている。動かすためには橋脚も傷んでいることから、新たにつくるくらいの費用が必要と思われるが、その雄姿を見るだけでもかつての活動ぶりが彷彿とされて興味深い。

もし訪ねる場合は、運河に架かる稲荷橋からと、運河の北側から見ることをお勧めする。運がよければ、稲荷橋と跳上橋との中間にある製粉会社が、真空の力で運河に着けた艀の船底から穀物を吸い上げて荷揚げする珍しい光景に出合えるかもしれない。（栗田）

遺骨でつくられた観音様

【中村区】

お祭りをイメージしたモニュメント

高さ8m、重さ4000貫

かつて中村遊郭のあった大門地区は名古屋駅の西口（新幹線側）から西に約1・5㎞に位置し、新大門商店街振興組合を中心に街の賑わいづくりを進めている。地下鉄桜通線の終点「中村区役所駅」から太閤通りに沿って西に500m行くと、大門通りとの交差点にある2カ所のお祭りをイメージしたモニュメントと道路を跨ぐ商店街のアーチがあり、大門商店街の入り口であることがわかる。二つ目の路地を少し東に行くと中村観音「瑞龍山白王寺」がある。

普段はガラス戸ごしに、高さ8mの本尊十一面観音菩薩像が見え、その大きさに驚かされる。何と重さは4000貫（15t）もある。

昭和の初め、米野火葬場に放置されていた無縁の遺骨を供養するためと、地域の発展守護を願って、京都の丹波から来られた初代住職鬼頭旦《きとうたん》舟《しゅう》師が、フランス留学から帰った仏師の花井深嶺《はないたんれい》氏を招

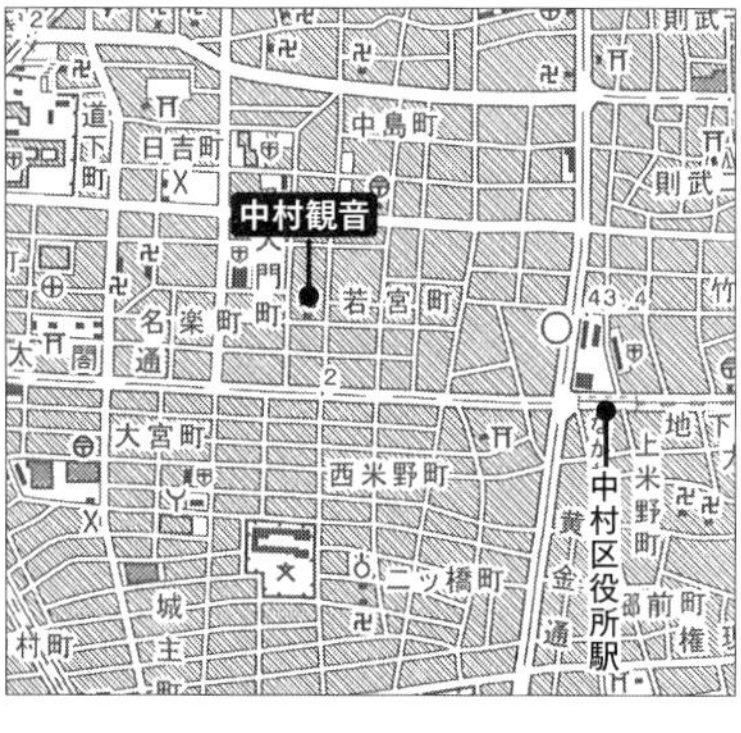

●所在地＝中村区名楽町／中村区賑町／中村区寿町
●交通＝地下鉄「中村区役所」

十一面観音菩薩像

いて、1929年（昭和4）に着工した。三重県菰野《こもの》町出身の花井氏は仏像の彫刻師で知多半島を中心に多くの仏像を制作している。最初の作品は現在菰野町の霊園入口に設置されている。

　その花井氏が毎朝水垢離《みずごり》を取られ、左手に念珠を、右手にコテを持って精魂を傾けてつくったのがここにある観音様。1933年（昭和8）の完成。無縁仏の遺骨も加え、固めてできているという、慈悲深いご尊顔の包容力溢れる観音様である。ご本尊の前に安置してある如意輪観世音菩《にょいりんかんぜおんぼ》薩《さつ》は、尾張徳川家の別荘（熱田神宮前の浜御殿）に祀られていた当初の本尊である。

芸人塚

　中村観音では、今も観音さんの体内にお骨を収めることができることから、現代の諸事情を反映して、納骨する人が絶えない。

　また、境内にある芸人塚は、「習い事成就」の芸人塚として親しまれ、芸人の方はもとより学業や習字・詩吟など習い事全般の上達を願い、遠近を問わず多くの人々のお参りが絶えない。由来として、徳川藩主宗春

中村観音外観

芸人塚

「稲本」外観

の頃から芸どころとして栄えた名古屋は、明治以降東西芸人の交流地となって独自の芸風を生み、有名無名の数多くの芸人が活躍した。そうした芸人の行跡を称え、往時の名古屋の芸を現代につなげる意味もあり、父母のお骨を白王寺に納める松竹新喜劇の藤山寛美さんを始め、有志の人々の発案により1975年（昭和50）に建立されたという。路傍の石にも似た芸人塚で、塚に刻まれる「芸」の文字は、御園座元社長の長谷川栄一さんの筆である。なお、藤山寛美さんの父は地方回りの旅芸人で、5歳の寛美さんを連れて、名古屋市中村区に1928年に開設された演芸場のある温泉パラダイス「中村花壇」で公演中に亡くなられている。遺骨は中村観音に収められた。

　中村花壇は、1929年の世界大恐慌で閉館を余儀なくされ、現在、その地には中村郵便局がある。

　なお大門地区には、1993年に名古屋市都市景観重要建築物に指定された、長寿庵、松岡大正庵（旧松岡旅館）、旧料亭稲本、料理旅館大観荘の4軒の建物があったが、大観荘と長寿庵は壊され、現在は2軒だけが残っている。

　商店街の北西にある稲本は、当時、中村遊郭の中でも「四《し》海波《かいなみ》」と並ぶ大店で、京都島原の「角屋《あげや》」を参考にしてつくられた揚屋風の建物をそのまま生かして長い期間、料理屋を営業していたが、現在はデイケア施設として利用されている。

　また、大門地区の地下に湧いた温泉は、愛知県が認定し、メタケイ酸泉として長く親しまれていた。「稲本」、「四海波」、「松岡旅館」、「大観荘」の4軒が共同で「中京温泉」として運営していたが、残念ながら現在は廃業している。

（小宅）

ヴォーリズ設計の赤い屋根の教会

【東区】

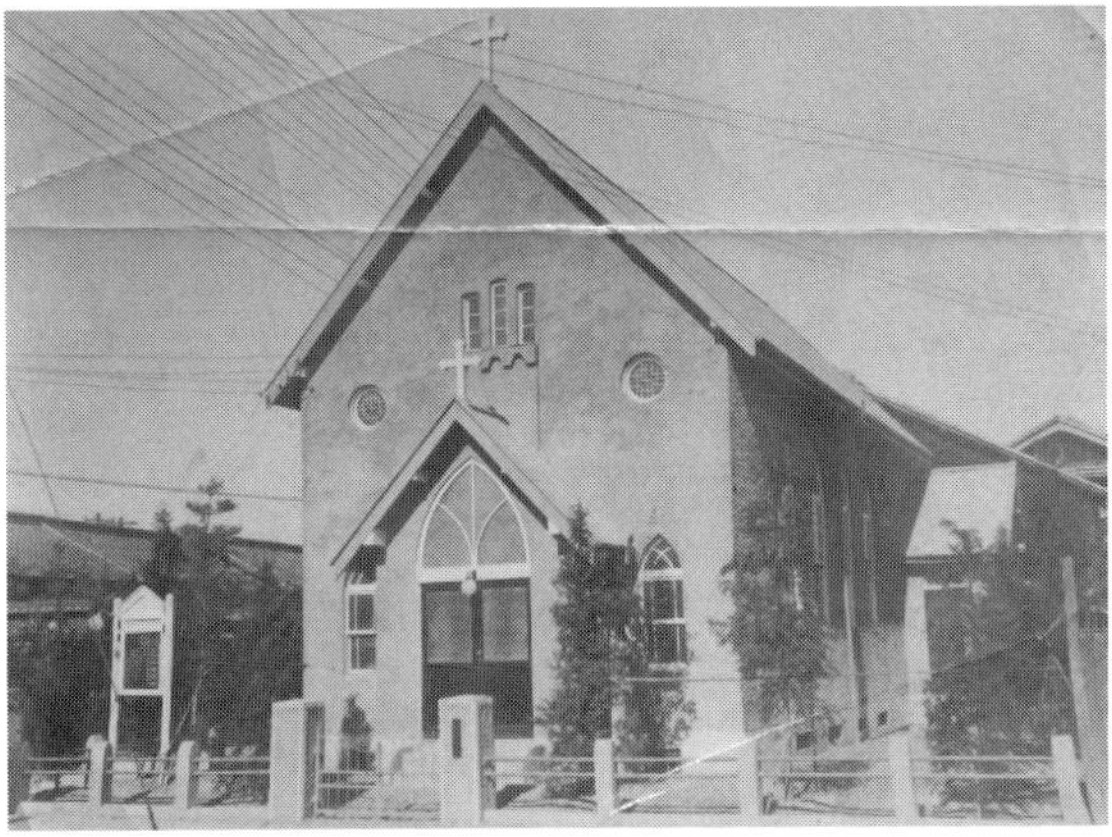

戦前にあった
大曽根講義所

1928年（昭和3）、日本福音ルーテル復活教会はその前身、大曽根講義所を拠点として伝道を始めた。1945年5月14日、名古屋市北部の市街地を中心に最大規模の空襲があり、この建物も焼け落ちた。戦後、徳川園北面の公園付近にあった牧師館で日曜礼拝や子供向けの日曜学校が復活したが、やがて信徒の数も増えて手狭になった。徳川園の西隣にある中京法律専門学校の教室を間借りしては礼拝を続け、現在の「ルーテル復活教会」が1953年に竣工。ここはかつてのラジオ番組「ルーテル・アワー」の名古屋センターがあった教会である。

1984年、米国からこの教会に着任した戸田裕牧師は教会図面等を発見、「これはひょっとすると重要な書類かもしれない」と、丁寧にファイリングし保存したが、図面等はそのまま26年間、書棚にひっそりと留め置かれた。

2010年（平成22）のあ

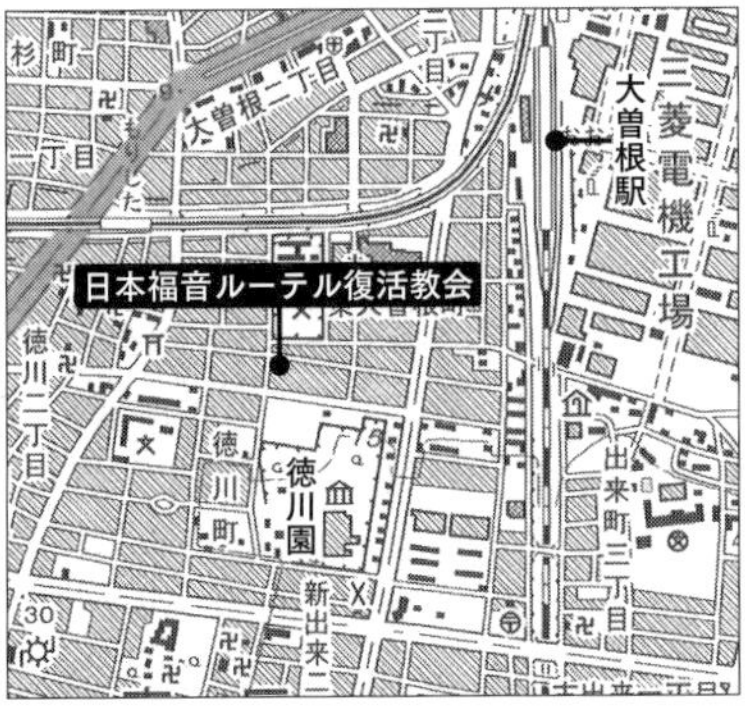

◉所在地＝東区徳川町 2303
◉交通＝ JR「大曽根駅」

日本福音ルーテル復活教会全景

る日、市の建築関連部署に勤める女性が「この建物にまつわるものは何かありませんか？」と訪ねて来た。「戸田牧師からの書類を確認し、本当に手が震えました」とは彼女の言葉である。この教会を建てたのは日本で１９０以上の教会を建てたことでも知られるメンソレータムで有名な近江兄弟社の創業者、ウィリアム・メレル・ヴォーリズ（一柳《ひとつやなぎ》米《め》来《れ》留《る》）の建築事務所だった。こうして２０１２年にようやく国の有形登録文化財として登録、これと前後して、戸田牧師も引退された。

赤い屋根が目印

さて、教会の建物を訪ねてみよう。徳川園の西側にある正門を北に下ると、交差点の向こう側に可愛らしい赤い屋根が見えてくる。これが日本福音ルーテル復活教会だ。この「ルーテル」とは、世界史の授業で習う「宗教改革」で有名なマルティン・ルターのドイツ語読みで、すなわち、プロテスタント系ルター派の教会である。ルターはクリスマスツリーを考案した人物でもあり、彼はキリスト教徒が各派に分かれることを望んでおらず、「まさか自分の名を冠した教団ができるとは、と彼が一番驚いているのでは？」とは戸田牧師の言。

玄関を構え尖塔のある牧師室に三角屋根を載せた礼拝堂が接合し、礼拝堂に入るとノアの方舟をかたどった木造のシザーズ・トラス（scissors truss 交叉骨組）構造を目にすることになる。

ところで、礼拝堂の聖壇は古今問わず、通常は太陽が上る東向きに設けられるのだが、ヴォーリズの設計意図なのか、この教会だけは西向きなのだ。「イエス・キリストが再臨される時にはこんな風に黄金の光に包まれて現れる」と、西陽できらめく十字架を見上げながら戸田牧師は語られた。「キリスト教の最も大事な教義である『復活』を冠した『復活教会』と名づけたのが先か、それとも西側に聖壇を設けたのが先なのか、そこに奥深いものを感じる」と、戸田牧師の後任の伊藤文雄牧師。日米の教会を行き来した伊藤牧師の知るところでは、この教会以外で西向きの聖壇を構えているのは、伊藤牧師が自ら携わり2000年（平成12）に建て替えられたルーテル蒲田教会だけだという。

香ばしい香りと至福の空間

戸田牧師の着任当時は尖塔の下には粗末な水道の蛇口が一つしかなく、牧師夫人は涙を流した。それを知ったフロリダの教会が寄付を募り、今では教会員全員が食事を囲むことができるほどの立派な台所が増築された。この台所では教会員が集い、戸田夫人が指導したアメリカ仕込みのパウンドケーキを毎月のように焼いており、今では教会員を結ぶ大切な行事となっている。

船底天井を支えるシザーズ・トラス構造

「なかなか教会には入り難い」と感じている方も多いと思われるが、そんな方でも気軽に特別な体験ができるチャンスがある。クリスチャンでもない近所の熱心な音楽家がこの古い木造の教会の音響効果にほれ込み、音楽家仲間と共に、近所の方々が気楽に立ち寄れるクラシックギターの音楽会「午後のひとときコンサート」を春と秋に催している。気持ちよく歌えるので、声楽家もこの小さな教会での会を毎年、楽しみにしている。木質の柔らかな反響音にくるまれ、時に雲にさえぎられる自然のうつろいを感じながら、黄金色の陽光に染まる空間は、まさに至福のひととき。

「そうですね。まさにパワースポット。といっても、日本語と英語（聖地）では若干、意味が違いますがね…」と語る戸田牧師の笑顔を思い出す。

＊2014年3月に召天《しょうてん》された戸田牧師と、渡米を決意された牧師夫人にこの欄を借りて感謝の意を記します。（山田）

黄金に染まる空間

杉原千畝が通った学校

【中区・瑞穂区】

杉原千畝《ちうね》は、世界のユダヤ人から〝日本のシンドラー〟と呼ばれる岐阜県八百津町出身の外交官。ちなみにシンドラーとは第二次世界大戦中、ナチスドイツの強制収容所送りになるユダヤ人を救ったドイツ人実業家で、スピルバーグ監督の映画『シンドラーのリスト』で世界の注目を浴びるようになった。

千畝もまた、ユダヤ人難民に日本通過ビザを発給し、尊い命をナチス・ドイツの迫害から救った人物である。

日本とドイツが同盟関係のなか、日本の外務省の方針に反して、人道的な立場から、懸命にビザを書き続け、約6000もの人々を救った。その功績に対し、1969年（昭和44）にはイスラエル宗教大臣から勲章を受け、1985年にイスラエル政府から「諸国民の中の正義の人賞」として表彰された。しかし、彼は外交官というエリー

◉所在地＝・平和小学校：中区平和 1-14-3
・愛知県立瑞陵高等学校：瑞穂区北原町 2-1
◉交通＝・平和小学校：地下鉄「東別院」
・愛知県立瑞陵高等学校：地下鉄「瑞穂区役所」

トであったが、ごく一般の環境と家庭の中で育った普通の人だったという。

その千畝と名古屋とのかかわりを紹介したい。

千畝は、1900年（明治33）に岐阜県八百津町で生まれ、父親の仕事の関係で岐阜、三重、愛知と転校を繰り返したが、中区平和町にある名古屋市立平和小学校（旧名古屋市立古渡尋常小学校）を卒業している。愛知県立第五中学校（現・愛知県立瑞陵高等学校）に進学。かねてから語学に興味があった彼は、医者になることをすすめる父親の反対を押し切って、中学卒業後は早稲田大学高等師範部英語科予科に入学した。

ちうねチャイム

平和小学校正門

名古屋市立平和小学校

三重県桑名町の小学校から1907年（明治40）に名古屋市立古渡尋常小学校（現・平和小学校）の2年生に編入した千畝は、「全甲（すべてトップ）」の成績で卒業した。千畝の母校、平和小学校には千畝の記念碑「ちうねチャイム」がある。この「ちうねチャイム」は千畝の生誕100年を記念して、2000年（平成12）11月に設置されたもので、二つの曲線の柱は、「命の尊さ」、「思いやりの心」を、柱をつなぐリングは「平和」、「愛」を表現している。毎日午前8時15分に平和の音が響くが、大先輩に世界に胸の張れる人物がいたことを誇りとして、世界の人々が仲良く過ごせることを願いつつ、卒業式には、生徒が一人ずつ「ちうねチャイム」を鳴らす。なお、「ちうねチャイム」は、学校の西側に隣接した街路樹がトンネルのような道「グリーンロード」から、間近に見ることができる。

愛知県立瑞陵高等学校

また、千畝の過ごした愛知県立瑞陵高等学校は、1907年（明治40）に開校した愛知県立第五中学校が前身で、千畝の他、江戸川乱歩、都留重人（経済学者）など多くの著名人を輩出している。2012年（平成24）10月に杉原千畝を記念した植樹祭があり、ペレグ・レヴィ・イスラエル公使がオリーブの植樹をおこなった。植樹場所は旧制五中時代の校内にあった縄文古墳を模したモニュメントで「五中山」と呼ばれる緑地地帯が選ばれた。なお、千畝の活躍の原点は五中時代に習得した語学力だったといわれている。

余談だが、オリーブの樹から西へ少し行くと「感喜堂」がある。これは1924年（大正13）に講堂として建てられたもので、保存すべきかどうかの視察に2013年6月、愛知県知事と名古屋市長が訪れている。その後改装され、現在は定時制の食堂として利用されている。（小宅）

記念植樹されたオリーブの樹、説明板には「日本とイスラエルの60年間に亘る友情を記念し、また、『諸国民中の正義の人』である杉原千畝を偲んで」とある。

感喜堂

【中区】

板垣退助を救った愛知医学校長・後藤新平

移転130年記念碑

名古屋大学が名古屋帝国大学として創立したのは1939年（昭和14）で、そのルーツは1871年（明治4）の名古屋県仮医学校・仮病院である。その後、西本願寺掛所（別院）をへて、1877年に中区天王崎町（現在の栄1丁目）に新築移転した。愛知医学校・愛知病院の堀川東岸への新築移転後130年を記念して、2007年（平成19）に堀川東岸に特定非営利活動法人名古屋外科支援機構

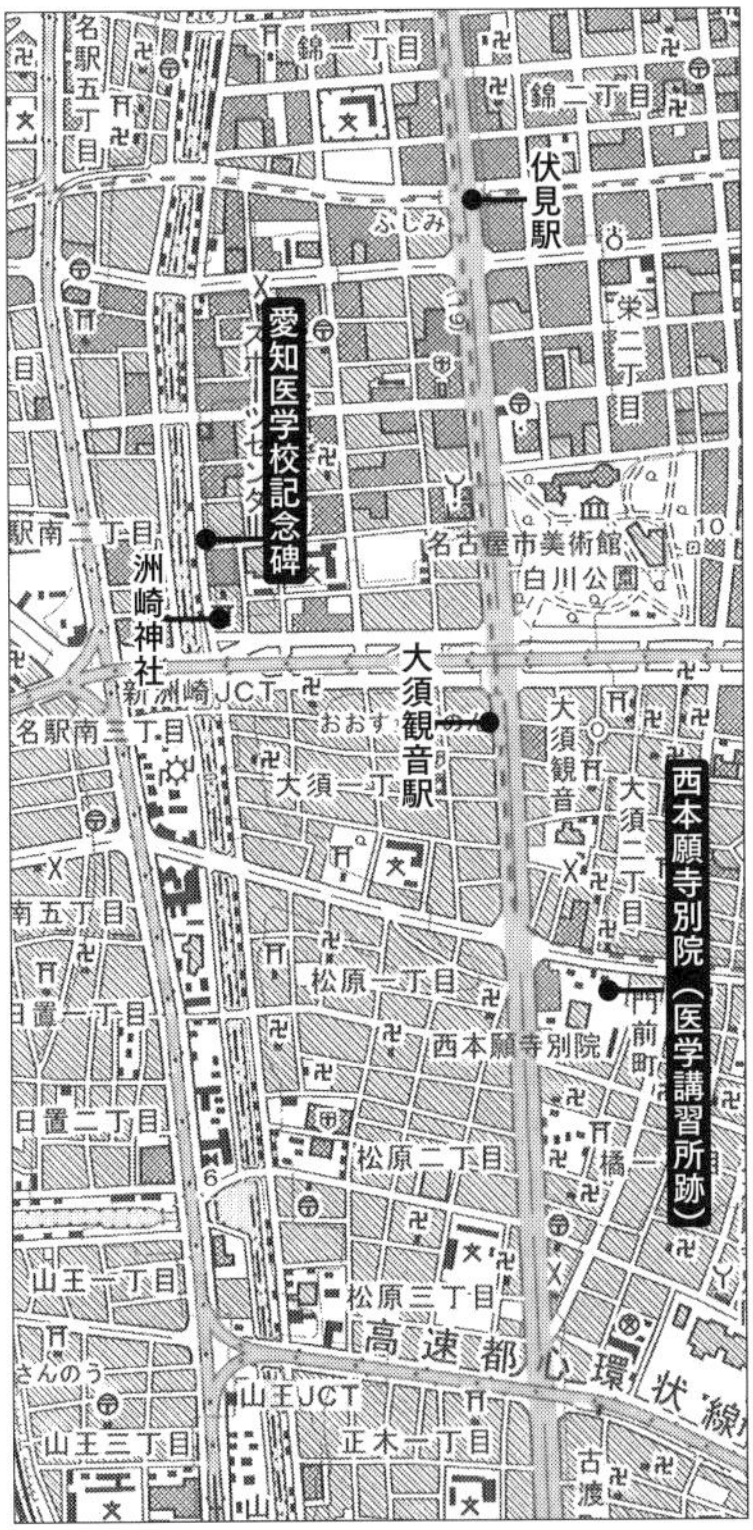

◉所在地＝・愛知医学校：中区栄1-20
・元愛知県産業貿易館：中区丸の内3-1-6
・本願寺名古屋別院：中区門前町1-23
◉交通＝・愛知医学校：地下鉄「伏見」
・元愛知県産業貿易館：地下鉄「丸の内」
・本願寺名古屋別院：地下鉄「大須観音」

から記念碑が寄贈された。名古屋に西洋医学が移入された明治初頭を彷彿させる記念碑である。最近、運行が増加した堀川クルーズの船上から記念碑が間近に見え、道路側からも見ることができる。

　この記念碑には手術の様子が描かれている。その中で、執刀しているのが１８８１年に校長に就任した後藤新平である。

堀川の西側から見た記念碑

仮医学校

「仮医学校」は、名古屋城南外堀のほぼ中央にかかる本町橋の南東にあった旧名古屋藩の評定所跡地（元愛知県産業貿易館本館＝２００９年閉館）に設けられた。「仮病院」もその西側、本町通りを挟んで向かい側にあった旧名古屋藩の名古屋町奉行所跡地（元愛知県産業貿易館西館＝２００９年閉館）に開設された。

「仮医学校」、「仮病院」はその後廃止され、仮医学校の職員等の有志により「義病院」の名称で同じ場所で再開されたが、財政難から１８７３年（明治６）には閉院となった。

愛知医学校

「義病院」の閉院後に、愛知県は名古屋市中区門前町の西本願寺掛所（別院）に「医学講習場」を復興し、その後、堀川筋の天王崎（現在の中区栄一丁目）に移転した。当時、ドイツ系アメリカ人医師ヨングハンスが雇われ、西洋医学の普及に尽力し、日本初といわれる皮膚移植手術をおこなっている。ヨングハンスが英語による医学教育をおこない、当時の医師の多くが漢方医だった時代に、西洋医学受容の先端的拠点となったという。

　１８８１年（明治14）に愛知医学校となり、１９０１年に愛知県立医学校、１９０３年に愛知県立医学専門学校となり、１９１４年（大正３）に中区（現・昭和区）鶴舞町に校舎を新築・移転した。

（左）元愛知県産業貿易館西館に立つ仮医学校跡の説明板

（下）西本願寺別院と医学講習場跡の説明板

大学令（1918年）により、1920年に愛知医科大学となり、1931年（昭和6）に官立移管され名古屋医科大学に改称、1939年に名古屋医科大学を基に名古屋帝国大学医学部となる。1947年に名古屋大学医学部に改称した。

後藤新平の逸話

関東大震災の震災復興計画を立案し、現在の東京の都市の骨格をつくった後藤新平は、内務大臣兼帝都復興院総裁として、19世紀中葉のフランスでナポレオン3世治下のセーヌ県知事オスマンがおこなったパリ改造を参考に世界最大規模の帝都復興計画を実施した。その後藤新平は愛知医学校で医者になり、25歳で学校長兼病院長となり、病院に関わる事務にあたっている。

　また、この間、岐阜で遊説中に暴漢に刺され負傷した板垣退助を診察している。これには面白い逸話がある。1882年（明治15）4月6日の夕刻、岐阜市で暴漢に襲われた板垣退助の診療の依頼が入った。しかし、愛知県は管外往診を認めていなかったので、新平も一旦は断った。ところが、再三の催促に「これは命の問題だ」として、彼は人力車を飛ばして岐阜に向かう決心をした。これにより助かった板垣退助から新平の度量の広さが認められ、医学界から政界への方向転換となった。そして、その後、台湾総督府民政長官、満鉄初代総裁、逓信大臣、内務大臣、外務大臣、東京市第七代市長などを務めたということになる。なお、後藤新平が住んでいた住宅は、学校から南へわずか500mほどだった。「新洲崎橋」を少し東へ行った所に後藤新平宅跡として石碑と立看板が立っている。（小宅）

【column】

名古屋城三の丸庭園

三の丸といえば名古屋市役所や愛知県庁のある場所だが、はて、そのような庭園があっただろうかとお思いだろう。

　この庭は外堀通りに面した東南角、旧名古屋城三の丸東南隅にある。南側と東側は堀の土塁が残り規模は小さいもののよく茂った林叢がある。

　昔といっても昭和30年代までは名鉄瀬戸線が外堀の中を「大津橋」や終点「堀川」に向けて走っていた。現在は東大手から地下線化され終点「栄」にいたっている。

　土塁には椋、楠、山桜など、大木が密生して、昼間でも薄暗いほど。下草には、テイカカズラ、ジャノヒゲが、また土塁外側はヤブツバキの密林になっている。

　庭の東部には高さ1・6mの佐久島石（伊勢湾中央にある佐久島産の青石）で枯れ滝をつくり、これにつながる枯れ流れとすぐ右手に次の枯れ滝がある。

　西側下流は石橋を架けた枯れ池につながる。石橋には長さ3mの青石を使い、中央下には橋脚を立ててある。

　枯れ池は20cmほどの五郎太《ごろた》石《いし》が敷き詰められ、橋の西には長さ3mもの巨大な手水鉢が据えられている。

　この庭園がつくられたのは1884年（明治17）。旧日本陸軍の将校クラブだった階行社の南庭として表千家の茶人、吉田紹和が庭師大島嘉七を指導して、つくらせたといわれている。

　ただし、この場所は代々尾張藩重臣の津田家の屋敷があり、その遺構の可能性もある。

　作庭年代については異説もあり、明治の庭園研究家、重森三玲は造園様式や、手法などから桃山時代の作庭との説。

　現在この庭園は、北隣にある名古屋市の迎賓館でもある公館の借景として美しいたたずまいを見せているが、西側の枝折戸《しおりど》を開け、だれでも自由に観覧できるようになっている。（水野）

三の丸遺跡

●所在地＝中区三の丸３－２
●交通＝地下鉄「市役所」

【column】

昭和塾堂って何?

昭和堂塾の塔部

覚王山から東山方面を見ると東山線の左側、城山神社のある山の上に八角形の尖塔のある洋風の建物が見えたが、その後末盛通の交差点にマンションが建てられ、遠望はできなくなった。

名前は旧「昭和塾堂」（現・愛知学院大学歯学部研究棟）１９２９年（昭和４）３月竣工した鉄筋コンクリート造。地上３階、地下１階、塔屋を含め高さ32ｍ、建築面積８２０㎡。

この建造物は、愛知県が公費に加え有志から基金を募り、青年会、青年団の精神修養道場として建設したもので、この名称も昭和と元号を改めた記念の意味が込められているとのこと。

この時代、民族精神の高揚を図る国粋主義的な動きが濃くなり、この建物がつくられた。デザインにも民族主義的な形態や意匠が強調されている。

中央に入口と、階段室のある八角五層の塔があり、最上部には展望階が設けられている。その後方には講堂があり、両翼には教室や宿泊室などが配置されていたようだ。

内部のデザインにも和風の意匠が用いられ、平面図として人字型にまとめられているのは当時の八紘《はっこう》一宇の精神（第二次大戦前に右翼思想の一つとして用いられた世界中を一つの家としてまとめるとの意）がこめられているといわれている。

敗戦近くの１９４３年には陸軍東海司令部がおかれたが、戦後は空襲で教室が焼かれた名古屋大学医学部基礎医学系教室が移転してきた。

この辺りは鬱蒼と木々が茂り、昼でも薄暗く、とくに地下１階には解剖実習室などがあるといわれ、子供たちは恐さ半分でそのあたりではあまり遊んだことがないと伝えられている。

その後愛知県教育文化研究所、千種区役所仮庁舎などがおかれ現在にいたっている。

（水野）

◉所在地＝千種区城山町２－90
◉交通＝地下鉄「覚王山」

【column】

名古屋のナンバースクール（旧制中学）

愛知一中は、現在の旭丘高校だったということは、かなりの人が知っている。それでは、愛知二中はどこか？……。おそらく、知っている人は少ないだろう。こんな声をしばしばきくので、あらためて調べてみた。

旧制中学とは、学校教育法（1947年〔昭和22〕）が施行される以前、男子のための中等教育をおこなった学校のことである。昔は、男女別学だったので、女子の場合、旧制中学に相当したのは高等女学校である。

旧制中学の入学資格は、尋常小学校（のちに国民学校初等科に移行）を卒業していること。修学期間は5年間だったが、1943年には4年間に短縮され、戦後ふたたび5年間にもどされた。

ナンバースクールとは、官立学校のなかでも伝統がある学校を、とくに意識して名づけたもの。ただし、旧制中学や旧制高等女学校もそれだけではなく、地名を名づけたネームスクールはいくつもあった。

愛知一中（正式には「愛知県立第一中学校」、以下同じ）は「県立旭丘高校」、
二中は「県立岡崎高校」
三中は「県立津島高校」
四中は「県立時習館高校」
五中は「県立瑞陵高校」
六中は「県立一宮高校」
七中は「県立半田高校」
八中は「県立刈谷高校」
である。

一方、女子の高等女学校もナンバースクールになっていて、県一（正式には「愛知県立第一高等女学校」、以下同じ）は「県立明和高校」、
県二は「県立名古屋西高校」、

高等女学校の場合、県立だけでなく名古屋市立もあり、市一（正式には「名古屋市立第一高等女学校」、以下同じ）は「市立菊里高校」、
市二は「市立向陽高校」
市三は「県立旭丘高校」
市四は「市立桜台高校」
となっている。

戦後、新しい学校教育法が制定されると、学校教育は「六・三・三・四制」となり、男女別学から男女共学に大きく方向転換した。このため、男子校の一中と女子高の市三が統合して「県立旭丘高校」ができたように、旧制中学と高等女学校が統合して、新しい高校ができている。（冨永）

II

いまに息づく江戸

創業400年の「鍋屋」

【東区】

さて、永禄3年（1560）はどんな年だったかご存じだろうか？ 駿河の覇者、今川義元が2万の軍勢をひきつれ尾張を領土に取り込むべく攻め上がってきた年である。だが、5月19日、いまの名古屋市南部、桶狭間の地で織田信長に討ち取られ上洛の夢は消え去ったのである。

　本項の主人公、鍋屋の先祖・水野太郎左衛門は、その信長配下の侍だったと伝えられている。

　信長は、桶狭間の戦で負傷した太郎左衛門に対し鋳物業で身を立てるように勧め、朱印状を与えた。

　当初太郎左衛門は名古屋台地の東、鍋屋上野の地（『千種区史』によれば永弘院の西）で鋳物業をはじめ、その後清須に移った。信長が岐阜、安土と移り、また関ヶ原の合戦後は、徳川家康が当時大坂城に健在だった豊臣方に備え、低湿地で水害の恐れがあった清須から新たに名古屋に城をつくった。

　清須の町はあげて名古屋へと移転した（清須越しという）。

　太郎左衛門も清須から東区鍋屋町（現・泉二丁目）に土地を与えられ一族郎党を率いて移った。

　なお、織田信長の朱印状や尾張藩代々藩主の黒印状を含む2000点にも及ぶ水野太

◉所在地＝東区泉 2-12-19
◉交通＝地下鉄「高岳」

郎左衛門家文書は現在名古屋市博物館に寄託保管されている。

　また、同様に博物館には太郎左衛門作の性高院梵鐘《ぼんしょう》や熱田時鐘などがある。

十五代続く老舗

　現存する「鍋屋」は、太郎左衛門二代目から分家し、初代は水野平右衛門家勝を名乗り、三代以降は水野平蔵を名乗ってきた。平蔵家は御鋳物《いも》師《じ》頭、御金仏師、御鉄砲鋳物師を名乗り、代々鋳物を業としてきた。その作品は梵鐘、喚鐘《かんしょう》、鰐口《わにぐち》、雲版《うんばん》（いずれも寺院などで合図に打ち鳴らす道具）、仏像などの仏具、大砲や砲弾、さらに鍋、釜、五徳などの民生品を製作してきた。ただ、尾張国の中では梵鐘の鋳造は太郎左衛門家だけの特権だった。藩主といえどもこれに従わざるを得ず、藩主が江戸で購入した梵鐘について異を唱え、改めて鋳直したこともあった。

　平蔵家は岐阜、三重など藩外で鋳造をおこなった。このため伊勢（三重県度会郡・正泉寺）、東濃地方（瑞浪市・浄円寺、信光寺など大戦時の供出により亡失）に平蔵作の梵鐘が現存する。

　中でも八事山興正寺（名

店舗外観

江戸末期から明治の初めころの店舗外観

大日如来像の木像

大鍋

数千アイテムにのぼる鍋類や関連商品

古屋市昭和区八事）総本尊の青銅仏、大日如来座像（像高3・6m）は尾張徳川家二代藩主徳川光友が生母歓喜院供養のため1696年（元禄9）に水野平蔵に鋳造させたもので、尾張三大仏の一つとなっている。なお、光友から命を受けた際にひな型として大日如来像の木像を拝領、現在は名古屋市博物館に寄託され、それと共に青銅製大日如来像のひな型も興正寺に伝えられ、関連の展覧会の折には展示されている（「名古屋市博物館研究紀要」、第30巻「二躯の大日如来像について」）。

古文書によればこの青銅像は一朝事あれば大砲に改鋳できるように配合されたと記されている。

「鍋屋」は十五代目を迎え、所在地の町名も変更以前は鍋屋町一丁目だったが、現在は泉二丁目となった。

取扱商品は上の写真にあるような大鍋（平釜という）や羽釜《はがま》など口径30cmから120cmに及ぶものなどがある。

また、業務用としてレストラン、和食専門店、麺類店、中華料理店など外食産業向けの寸胴鍋《ずんどうなべ》、シチューパン、打ち出し料理鍋、中華鍋、フライパンなど15cm～60cmまでがあり、厨房で使用する道具類をほぼ揃え、ほかに特別注文の銅、アルミ、木製品、網製品もつくっている。

最近は家庭用のキッチン用品にも力を入れ、ガス、電磁調理器に適した商品を多く品揃えし、選ぶ楽しさも提供できるようにしている。（水野）

「陰陽石」探しの楽しみ
——名古屋城の石垣

【中区】

陰陽石とは

「陰陽」という言葉がある。辞書には「1 天地間にあって、互いに相反する性質を持つ二つのもの。月と日、冬と夏、北と南、水と火、女と男など。おんよう。2 電気、磁気などのマイナスとプラス、陰極と陽極、陰電気と陽電気。3 生け花で、葉の裏側の日光があたらないところ（陰）と、日を受ける表側（陽）。陽を上に向くようにいけるのが定則」（小学館『マルチメディア統合辞典』）とある。

　また、「陰陽」に別の言葉を付属させたさまざまな言葉もある。「陰陽崇拝」は、農作物を豊かにみのらせる呪《じゅ》力《りょく》として男女の生殖器を崇拝することであり、「陰陽説」は、陰陽二気が互いに消長し調和して自然界の秩序が保たれているように、政治、道徳、日常生活などの人間の営みはすべて陰陽の変化に順応することでうまくゆくとする考えである。これは、道徳の根元の天と人の一体を説く中国思想で、長くその形而上的根拠となり、また、五行説とも結びついて流行した。

　何か難しくなりそうだが、「陰陽」の考えはヒンドゥー教で崇拝されるリンガ（男根型の石柱）などに見られるよう

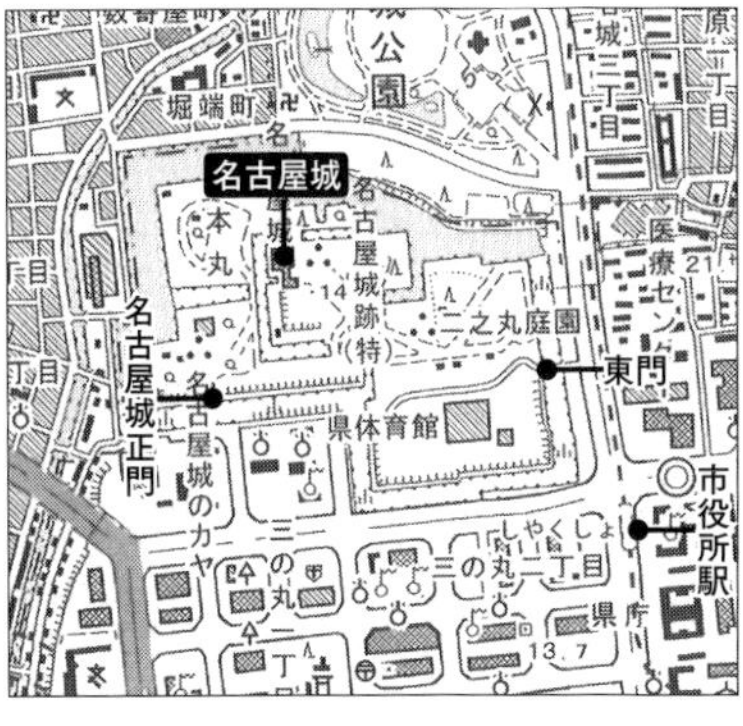

●所在地＝中区本丸 1-1
●交通＝地下鉄「市役所」または、市バス「名古屋城正門前」

に、洋の東西を問わず数多くある。

名古屋城築城の裏舞台

名古屋城の築城に際しては、さまざまな職種の職人が、さまざまな任に当たっていたことは想像に難くない。

「名古屋にないもの〝美少年と石〟」といわれ、三河や美濃まであさっても石の絶対量は足りなかった。このため、名古屋城築城に使われた石の多くは、遠く四国や九州から「石あさり」によって石工が集めてきた石である。しかも途中で落ちた石は縁起を担いで拾わなかったと伝えられている（朝日新聞社編『名古屋城物語』）。

家康が1609年（慶長14）に名古屋城築城を決意してから天守閣の完成まで3年とかからなかった。石垣が完成しなければ天守閣は建てられない。まさに突貫工事である。一つ間違えば大惨事となる石垣づくりに、縁起担ぎでなくとも、「陰陽説」でいわれているような、陰陽二気が互いに調和し、すべてがうまくゆくとする考えを信じたかったに違いない。

一般にいう「陰陽石」は、男女の陰部に似た形の石で、陰石と陽石がある。俗信によって、この二石を並べて祀ったりする。名古屋城築城に携わった石工たちは、自ら手掛ける石垣の中に二石を巧みに組み込んで、無事の完成や安全を祈念したに違いない。

名古屋城の陰陽石

改めて「名古屋城の陰陽石」という言葉でインターネットを検索すると、二之丸庭園の北西部にあるとして、写真つきでヒットする。写真では、左右に分かれた石組みが「陽石」と「陰石」であるとして説明されている。見方によっては、そのようにも見えないこともないが、写真だけでは要領を得ないので現地

インターネットに出ている陰陽石。左の水が溜まっているのが陰石で、右の宙へ浮いたのが陽石

これぞ陰陽石（陽石）

何か意味ありげな石組。十字架？

これも陰陽石？

へ行って確認してみた。しかし、見る位置をいろいろに変えてみても、写真以上にわかりにくい。どうも無理やりにこじつけたのではないかと思える。

ところが別の場所で、誰が見ても「間違いない」と思えるものが、石垣の中に隠されていたのである。漫然と見ていては決してわからない。だが、注意して見れば「えー」と驚き「なるほど」と納得すること請け合いである。それほど巧みに隠されているのである。

ひとつ不思議なことがある。見つかったのは「陽石」だけで、あちこちを探しても「陰石」が見つからないのである。その後も「陽石」を見つけた眼で探す。すると何かの意味を持っているのではないかと思われるさまざまな形の石組みが見つかる。また、これも「陽石」ではないかと思えるような石組みが続々と見つかったりする。だが「これぞ『陰石』なり」という決定的なものが見つからないのである。

探し方が悪いのか、陰陽石の「陰」が杳《よう》として見つからないのは今もって謎である。

名古屋城へ行くたびに、石垣を眺めながら「陰陽石」を探す楽しみはまだ残されている。（栗田）

今に残る江戸時代の巨大寺院

——徳興山建中寺

【東区・中区・港区】

名古屋市東区にある尾張徳川家の霊廟で菩提寺でもある建中寺は、1651年（慶安4）に建立された。当時の敷地は東西216間（390m）、南北219間（394m）面積4万7300坪（15万3000㎡）、（ちなみに京都西本願寺は9万2388㎡）、寺領500石の巨大寺院だった。

しかし、1785年（天明5）、西杉村の農家から失火し、総門、山門、源正公墓地、真厳公廟（五代藩主、夭折）などを除き焼失してしまった。

翌々年（1787年）霊廟の唐門、拝殿、回廊、本殿、本堂などが再建された。明治維新後に移築された霊廟を除き第二次世界大戦の空襲にも焼けず現在にいたっている。

とはいえ、戦後の混乱の中で名古屋市の都市計画事業が進行し、寺の真ん中に道路がつくられ、東区役所やあづま中学校、東海高校用地など公共用地として一部は買い上げ

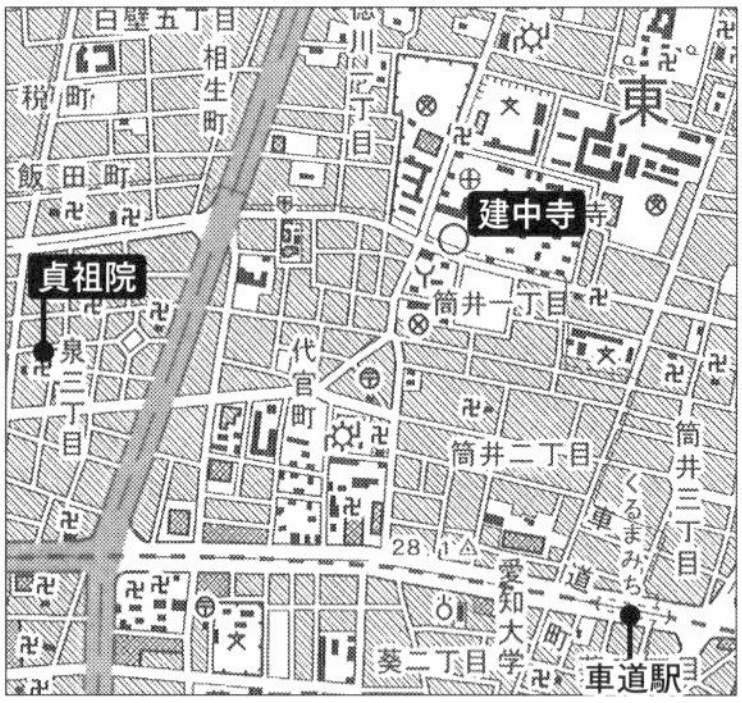

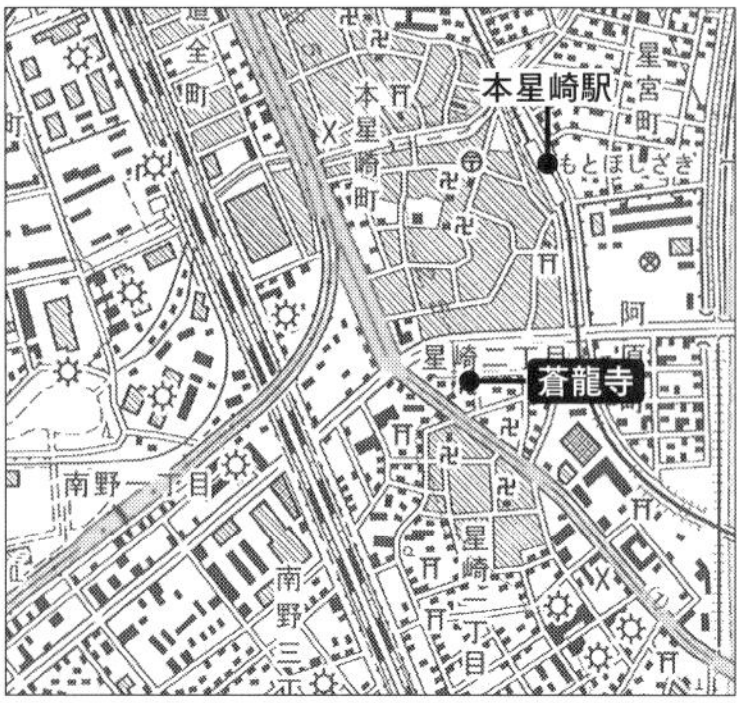

◉所在地＝・建中寺：東区筒井 1-7-57
・貞祖院本堂：東区泉 3-11-16
・東照宮：中区丸の内 2-3-37（地図は P22 参照）
・蒼龍寺：南区星崎 2-47
西町の稲荷堂：小牧市小牧 4-3
・久遠寺：中村区名駅
◉交通＝・建中寺：地下鉄「車道」
・貞祖院本堂：地下鉄「高岳」
・東照宮：地下鉄「丸の内」
・蒼龍寺：名鉄「本星崎」
・西町の稲荷堂：名鉄「小牧」
・久遠寺：地下鉄「名古屋駅」

られるなどして面積は大幅に縮小されてしまった。

　当寺は尾張徳川家から招来された数かずの文化財や建造物の宝庫でもある。

知られざるもの【その二】

　初代徳川義直は、自身の霊廟について瀬戸市にある定光寺につくるようにいい残しており、現在も定光寺山中に広大な霊廟が残されている。

　建物6棟と墓1基が重要文化財に指定されている。

　二代光友の墓は、ここ建中寺にある。

　三代以降の墓も建中寺にあったが、戦後の区画整理の際に七代藩主宗春の墓は千種区の平和公園に、九代宗睦は小牧山へ、他は定光寺納骨堂に合葬された。

　それでは三代以後の霊廟はどこにあるのだろうか？


建中寺は二代藩主光友により、霊廟でありまた菩提寺として1651年（慶安4）にこの地に創建されたものである。

　そもそも霊廟とは墓なのだろうか？　いや、霊廟はお墓ではない。「御《ご》霊《れい》屋《や》」ともいい、祖先の霊などを祀ってある建物のことである。一般市民の感覚としては仏壇や位牌の置いてある部屋、あるいは仏壇が「おたまや、みたまや」であるが、市民の住宅にはそんな特別の建物はないから「廟」というのはいささか大げさである。

　しかし、尾張徳川家ともなれば話は別である。建中寺にある江戸末期の建中寺惣図によれば藩主ら6つの霊廟があったが、そのひとつ二代光友の霊廟が本堂の北側に残されている。

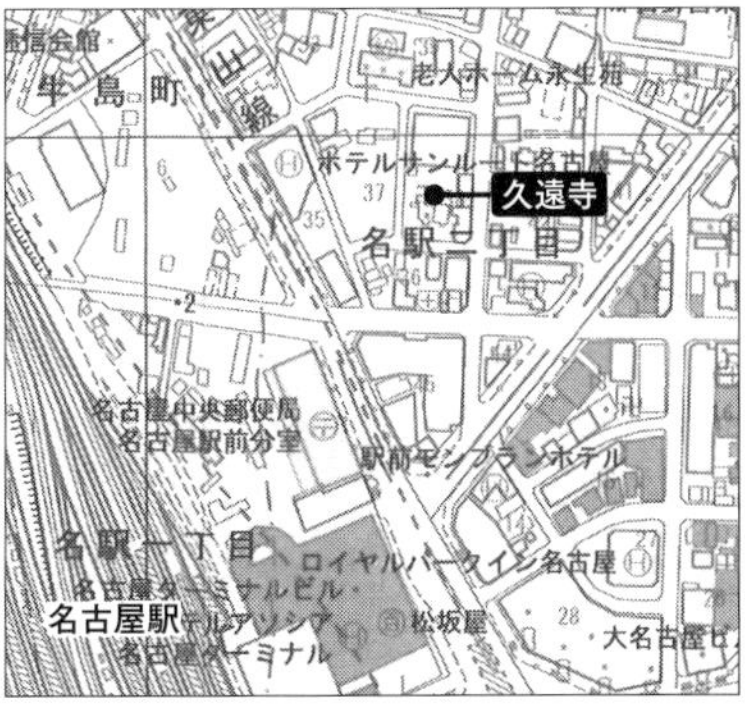

ここは現在（2013年〜）愛知県指定文化財として修復工事中で、代々の位牌は本堂内に一時移転されている。修復完了ののちは重要文化財として登録を期待されている。
　では七代目を除くほかの5つの霊廟はどこにあるのだろう。

1　貞祖院本堂

　この寺は1608年（慶長13）、清須城主だった松平忠吉の養母押加茂こと於美津の

本堂の外観

本堂の正面

本堂内、欄干の彩色

方が、忠吉の牌所として清須に建立、1611年（慶長16）この地に移された。その後1782年の大火で本堂などを焼失し、以後長らく仮本堂のままだった。それが1872年に徳川家霊廟の一つを建中寺から移した。これは、四代藩主、徳川吉通の嫡子五郎太の霊廟で、1714年（正徳4）建築されたものが、大火ののち二代藩主光友の正室千代姫の霊廟として模様替えがおこなわれ、以後千代姫のものとして伝わってきたもの。

　内部は総うるし塗りの極彩色で、よく保存され、尾張徳川家霊廟建築として貴重である。

　松平忠吉は徳川家康四男で、本来ならば尾張徳川家初代となる予定だったが、早世したため義直が初代となった。

　本堂は、木造入母屋造り32坪（約100㎡）、普通寺院建築では平入本堂が多く見受けられるが、ここでは入母屋造り妻入りの形式で、当初から本堂として建てられたものではないことがわかる。総漆塗り、柱は円柱漆塗り金箔仕上げで、外陣は格天井、内陣は折上げ格天井とし漆塗りや極彩色を残している。内陣の格天井は80枡あり菊の紋が入れてあるが、うち15枡には葵の紋が入っている。これは維新の折に菊の紋をはばかり上に葵の紋を張ったもの。外陣の欄間などは彩色されているが、模様は東照宮や蒼龍寺な

東照宮社殿

どと酷似している。

2 東照宮

徳川家康を祀る東照宮といえばきらびやかな細工が施された朱塗りの建物というイメージがあるが、社殿は尾張藩初代藩主徳川義直（家康の九男）の正室・春姫こと高原院の霊廟を移築したものである。名古屋の官庁街の南はずれにある大津橋の交差点から外堀通を西に向かって歩いていくと左手に東照宮がある。

外観は鞘堂に覆われ直には見ることができないが正面に回れば見ることができる。

もともと名古屋東照宮は家康没後3年の1619年（元和5）に名古屋城内の三の丸に義直が建立したが、維新に伴い1876年（明治9）城内から藩校・明倫堂の跡地だった現在地、那古野神社の西どなりに移転した。

本殿は現在も各地で見られる東照宮同様、極彩色の権現造りだったが、太平洋戦争の空襲で焼失した。そこで戦後の1953年（昭和28）に建中寺にあった春姫の霊廟を移築し、本殿としたもの。

3 蒼龍寺

宗旨は浄土宗、ご本尊は阿弥陀如来。この寺の本堂は、1872年（明治5）に建中寺の御霊屋の一部を廃棄した際に譲り受けたもので、移築に際して屋根を平入りにしたもの。

御霊屋中の拝殿と合いの間に該当する。ここでは、拝殿を外陣に、合いの間を内陣に使用している。

天井は格天井、格間に彩画文様入りとし、内陣は化粧屋根裏であり、柱上部から上は極彩色、下方は漆塗りで御霊屋の時のままを本堂としている。

4 西町の稲荷堂

1787年（天明7）に建築、1875年に移築、1901年に豊川稲荷が祀られる。

外観や内部の装飾などは貞祖院や蒼龍寺などに酷似している。豊川稲荷が祀られた際に一部改築された以外は移築当時そのままである。

5 久遠寺

本堂として移築されたが（移築時期は明治初期とあるが詳細は不明）、先の大戦で空襲により焼失した。

知られざるもの【その二】

建中寺には尾張徳川家から請来した宝物の一つに「蒙《もう》

古襲来絵詞《こしゅうらいえことば》」がある。日本史の教科書ではおなじみの絵巻であるが、原本は鎌倉時代の肥後の国御家人だった竹崎季長が作成したもので、文永、弘安の役の様子が描かれている。これは元寇の戦に参加した御家人が自身の戦功を報告するためにつくられたものである。

文永の役は、１２７４年10月３日、蒙古、漢、高麗連合軍が朝鮮半島合浦を出港し、同５日対馬に侵攻、10月14日、壱岐に上陸、同16日～17日備前、平戸、鷹島、能古島に来襲、また同20日から26日にかけて、元軍は軍船９００隻に２万８０００～４万人の兵士を乗せ博多湾に上陸したという一連の戦いである。

鎌倉幕府軍と激しい戦をしたが台風によるあらしのため元軍は全滅したというのがこれまでの通説だった。

しかし、近年の研究では台風がこの時期に襲来した記録はなく、従って台風による全滅説は否定されてきたようだ。

連合軍は鎌倉幕府軍との戦闘でかなりの損害を受け、撤退中にあらしに遭遇したようで、未帰還者は１万３５００人と記されている。

また、７年後の１２８１年６月から７月にわたり再び元は高麗軍と南宋軍を合わせて軍船約５００隻、高麗、元軍４万人～５万６０００人、江南軍14万人～16万人の軍勢により再び博多湾に侵入した。だが、このときも日本軍によりかなりの痛手を受け、さらには台風により大きな損害を受けて撤退したという。この弘安の役では、元軍全体で８万４０００人～14万人の未帰還者が報告されている。

いわゆる神風説は、第二次大戦時に軍国思想鼓舞のために喧伝されたものであった。

この絵巻をつくらせた竹崎季長は、熊本県海東郷（現・宇城市小川東海東）の地頭だった。

蒙古襲来は季長にとって手柄を立てる一大チャンスとして飛び出していった。とはいえ無足の身（領地を持たない武士をいう）、手勢も五騎が精いっぱいで、これで蒙古軍に立ち向かっていったようである。

文永の役では蒙古軍に勝利したものの鎌倉幕府にとって恩賞を分け与える領地を獲得できたわけではなく、季長が期待した恩賞の沙汰はなかった。そこではるばる鎌倉まで直訴に出かけて自身がいかに戦ったかその戦功を報告、その結果地頭に任ぜられた。

「蒙古襲来絵詞」蒙古軍戦闘の図

「蒙古襲来絵詞」竹崎季長活躍の図

「蒙古襲来絵詞」蒙古軍敗走の図

「蒙古襲来絵詞」は江戸時代、新井白石が著した『本朝軍器考』に紹介され、識者の間で閲覧したいとの声が高まった。

この絵巻は、細川家の家臣、大矢野家の所蔵であることがわかり、１４６６年春、藩主細川斉滋《なりしげ》の参勤交代の折に江戸に持参され、尾張藩主の嫡男徳川治行（高須藩四代藩主の長男でのち尾張藩主徳川宗睦の養継嗣となるが32歳で養親に先立ち死亡）と白河藩主松平定信らのもとで摸本がつくられた。この建中寺本は１４６６年10月に尾張藩士、神谷元秋の筆によって完成するが、この間に徳川治行が逝去したため菩提寺の建中寺に奉納された。毎年10月23日に建中寺で公開される。

原本は細川藩によって第一次修復される以前は、バラバラになっていたらしい。この

栄町の商業会議所所屋（名古屋商工会議所提供）

摸本も成巻以前のものを原本としているため欠落も多く、配列も異なっている。また、絵二巻と詞書一巻は別々に成巻されていた。このことは、原本発見当時の状態を考えるうえでも貴重である。

全部で40種ほどの摸本が原本からつくられているようだ。現在、原本は宮内庁三の丸尚蔵館に所蔵されている。

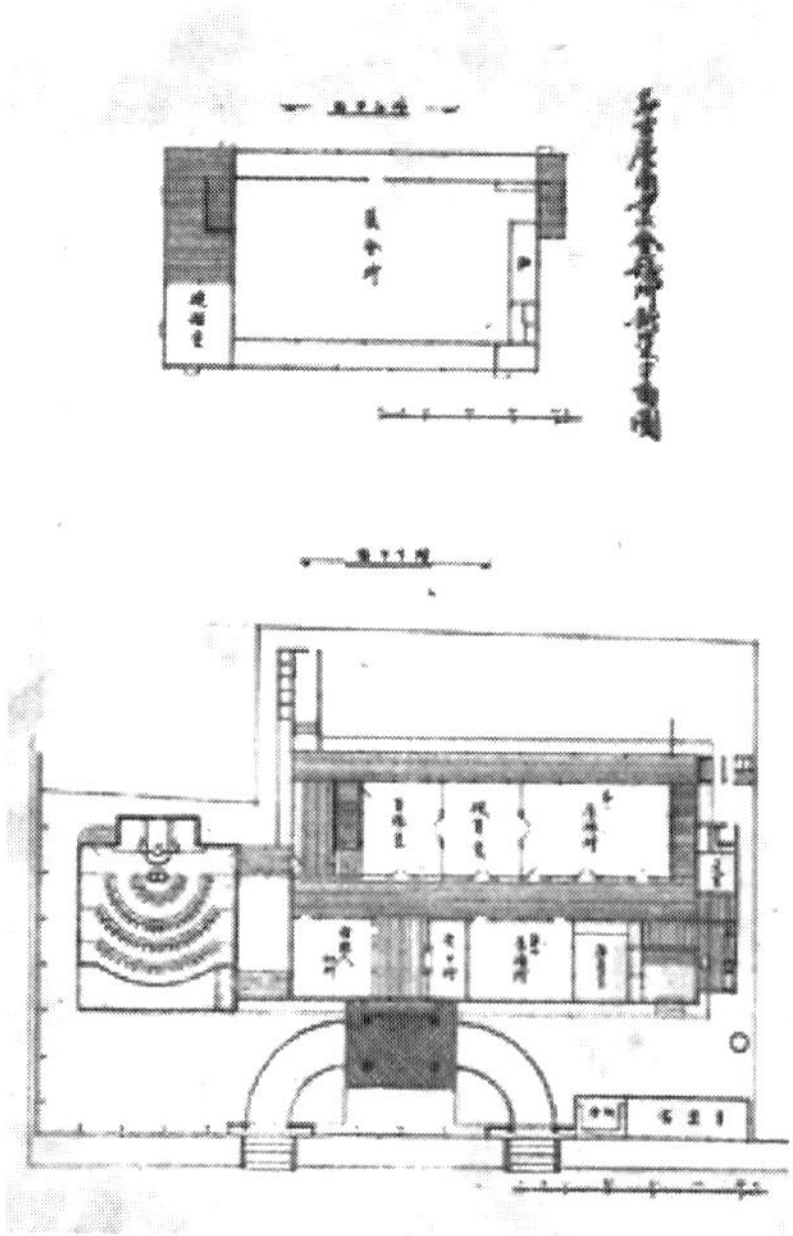

栄町の商業会議所所屋の平面図（名古屋商工会議所提供）

知られざるもの【その三】

旧名古屋商工会議所（名古屋商法会議所本館）がある。近年名古屋市内にある大規模な木造建築物で寺院以外のものは減少の一途をたどるが、現存では最も大きな建築物と思われる。

建築年次：１８９５年7月着工、１８９６年1月竣工。施工者は投票によって決められ、名古屋建築合資会社、清水万之助（現・清水建設）が選ばれた。

建築時の場所：名古屋市栄町7―9

移築年時：１９３４年

構造、形式など：入母屋造木造2階建、瓦葺、建築面積４５４㎡（議事堂を除いて１３５坪）

総工費：１万８０００円

図は建物の配置図である。

徳興殿外観

階段部

徳興殿1階、中央廊下

1階左側には洋風の議事堂があった。車寄せもあったが、いまはなくなっている。

　この建物は、現在の久屋大通、栄バスターミナルあたりに建てられたが、1921年（大正10）、中区大池町に移築された。本館の左側に洋風の平屋建て議事堂（139坪）が付設されていたが、大池町移転に際して一宮商工会議所に売却された。

移築完成以前から会員数の増加や事業拡大などにより、建物の狭隘化が指摘され、新館建築が決定された。

　1923年、商工会議所ビルが同地に鉄筋コンクリート4階建てのビルとして建築されることになったため、建中寺に売却、移築された。名古屋商工会議所は、戦後白川公園北側に新築移転した。

　建中寺に移築された旧商工会議所は徳興殿《とっこうでん》と名づけられ、大法要、道場、講習会などに活用されている。

　建中寺敷地の東端ほぼ中央に位置し、現在は幼稚園の背後にあるため外部からは広壮な全体像はつかみにくく残念である。建物は、銅板葺きの唐破《は》風《ふ》のある玄関や議事堂を除いて、建築当時の配置図のように、移築された当時のまま残された。近くで見ると堂々たる風格をもっている。重厚なつくりだったことがしのばれる。

　内部に入ると1階は中央と北側の東西方向に磨き上げられた広い廊下が通り、両側に応接間や事務室などがある。2階には南北両側に1間幅の廊下、大舞台、床の間を持つ120畳敷きの集会室となっている。（水野）

「酔笑人」を何と読む

【緑区】

酒どころ名古屋

全国の酒どころといえば、灘（兵庫県）とか伏見（京都）などが有名だが、実は愛知県は全国でも十指に入る酒どころだという。中でも名古屋市内には酒蔵が5個所もあるのだから驚きだ。

その中の3個所が緑区大高町に集中しているというのも興味深い。いずれも徒歩2、3分ほどの距離の中にある神の井酒造・萬乗《ばんじょう》醸造・山盛酒造の3酒造会社である。

そのうちの一つ、山盛酒造では「桶狭間」とか「奈留美」など、地域に関連した名前をつけた清酒をつくっているが、明治の昔からある銘柄は「鷹の夢」である。

「鷹」と聞いて、すぐ「鷹の絵馬」が奉納される氷上姉子《ひかみあねご》神社（緑区大高町）に関係するのではないかと気がついた人がいたら相当マニアックな人である。

熱田神宮の元宮

さて、表題の「酔笑人」である。清酒の名前というところまでは字面で気がつかれるかもしれない。「えようど」と読む。なぜそんな読み方なのかといえば、清酒の名を決めるとき、熱田神宮の「酔笑《えよう》人《ど》神事」に因んだからである。これは盗難にあった御神体の

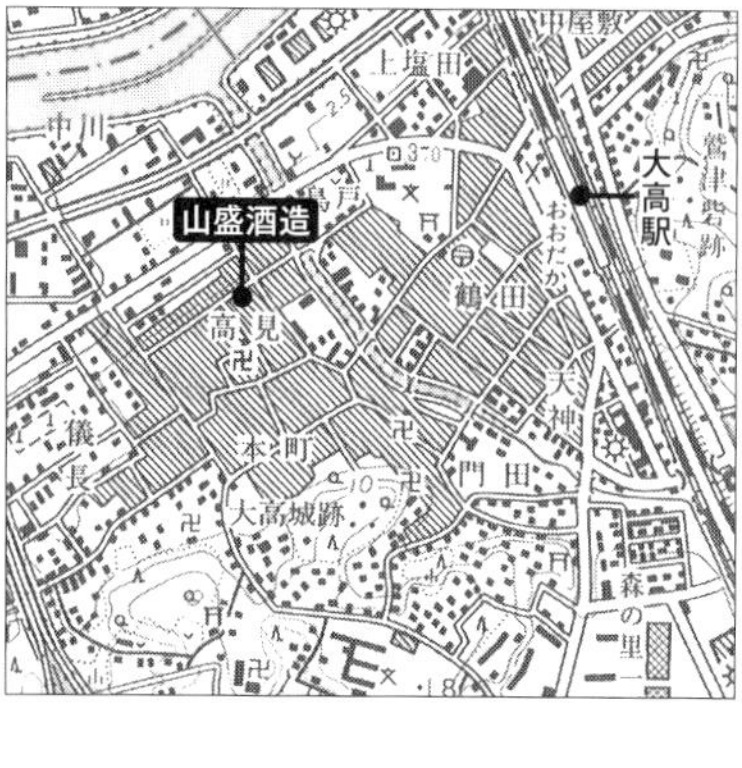

◉所在地＝緑区大高町高見74
◉交通＝JR「大高」駅（ただし、道がわかりにくいので注意を要する）

山盛酒造の酒蔵

草薙神剣《くさなぎのみつるぎ》が再び熱田神宮へ戻ってきたとき、喜びに笑う神職の様子をそのまま神事にしたという珍しい祭である。

大高の地にお住まいだった宮簀媛命《みやすひめのみこと》が夫の日本武尊《やまとたけるのみこと》亡きあと、草薙剣を熱田台地に奉斎し社殿に祀ったのが熱田神宮の始まりである。今は昔、およそ1900年前のことである。この故事から氷上姉子神社には、熱田神宮の元宮がある。

以来、熱田神宮ではさまざまな神事や行事の後には元宮に敬意を表し、必ず奉告《ほうこく》に訪れるのを習わしとしている。奉告には、熱田社家の中から選ばれた「頭人《とうにん》」という使いの者が熱田神宮を出発し、途中で鷹狩りをおこなう。それによって得た獲物を携えて氷上姉子神社まで出かけた。獲物はウサギなどの小動物だった。ところが時代を重ねるうちに鷹狩りが難しくなり、獲物も少なくなってきた。そこで献納する獲物に代えて先の「鷹の絵馬」の奉納となった。

「酔笑人」誕生の経緯

「酔笑人」の話に戻るが、この清酒が世に出た経緯は、山盛酒造と氷上姉子神社との関係の深さにある。

平成22年度の名古屋都市センターの市民研究で一グループが熱田神宮の門前町に関する調査研究をおこない、報告書にまとめた。だが、報告書を出せば門前町ができるというものではない。その後も「たとえ一つでも成果を上げたい」という思いが研究員の中に募った。そこで熱田名物のリストづくりから始め、具体的にできるものはないかと考えているところに、山盛酒造との出会いがあった。

山盛酒造は江戸時代から続く老舗だが、酒蔵の主人が明治になって交代したため、鷹ブランド採用の経緯など、重

各種の酒

酒蔵内部

要な事柄が伝えられていない。しかし、古くから氷上姉子神社へ御神酒《おみき》の献納を続けている地元酒造の中でも鷹ブランドを持つ事実は山盛酒造と氷上姉子神社との結びつきの強いことを示している。

　それでも「大高の酒が、なぜ熱田の名物になるの?」という疑問は残るだろう。折しも2013年が熱田神宮では創祀《そうし》千九百年記念という節目を迎えるときだった。草薙神剣が大高から熱田へ移ったという歴史があるのなら、大高の御神酒も熱田へ移っていいではないかというのが研究員グループの思惑だった。

　そして「熱田神宮創祀千九百年記念奉祝・酔笑人」と銘うつにふさわしい清酒づくりが始まり、記念の年の11月23

熱田神宮創祀千九百年記念奉祝の清酒「酔笑人」

日の発売に間にあった。五代目・山盛幸夫社長は、自然にまかせた日本古来の酒づくりをかたくなに護り続ける人だ。だからこそできたのかもしれない。

　山盛酒造は地域との結びつきも大切にしている。酒の販売はもとより、「蔵開き」を毎年2月の最終日曜日におこなっているほか、定期的に「蔵コンサート」も開催している。また、地域が主催する「まち歩き」の参加者が蔵に寄れば試飲してもらうなど、さまざまな形で蔵を開放している。

　お酒を買いに立ち寄った折に一言お願いすれば、社長が手すきの時なら、よろこんで蔵の中を案内してくれるはずである。(粟田)

買い物帰りの将軍が立ち寄った茶室

【緑区】

想像してみよう。江戸時代、時の将軍様がぶらりと町家を訪れて自ら買い物に出向く姿を…。

もちろん、大店とはいえ地方の商屋へと入っていくのだから、たいへんなお付《つき》の方々に護られながら、愛しい正室、奥方のためにと、自ら足を運び、着物を買い求める将軍。面長で鼻は高く、今時の甘いマスク。氷砂糖、カステラ、羊羹といった甘いものが大好物で、虫歯だらけ。その数30本だったという。そして、幕臣に慕われ、その将来を嘱望されたにもかかわらず、摂食・栄養障害からか、20歳という若さで急逝した。

彼の名は、徳川家茂《いえもち》。江戸幕府第十四代征夷大将軍、つまり最後の将軍となった徳川慶喜《よしのぶ》の先代にあたる。

新撰組前身の浪士組が警護

1853年（嘉永6）に黒船とともにペリーが来航、風雲急を告げる幕末の世に、1858年、13歳の若さで将軍職を継ぎ、1862年に公武合体の一環として和宮《かずのみや》を后に迎えた家茂。1863年には将軍としては実に229年ぶりとなる上洛を果たした。その年の3月に京都の「とらや」へ御菓子を御所へ届けるようにと家茂が注文を寄こした記録が残っているという。

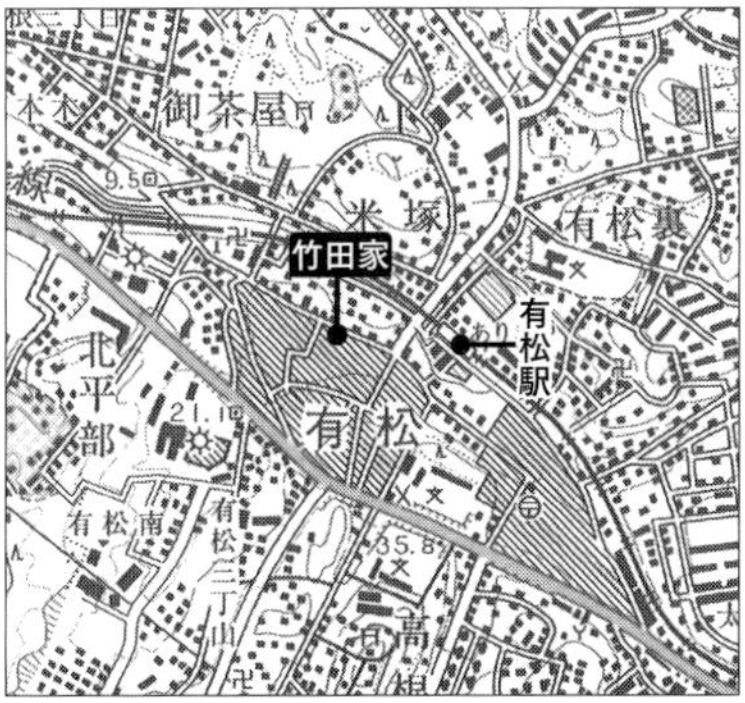

◉所在地＝緑区有松1802
◉交通＝名鉄「有松駅」

東海道からの竹田家外観

賓客用の玄関より東海道を望む

義理の兄にあたる孝明天皇の前で攘夷を誓い、御菓子を献上したと伝えられている。

上洛の際、往路は東海道を陸路で22日の道のりだったが、勝海舟の進言を容れてか、復路は航路。順動丸に乗船し、わずか3日で江戸に帰還している。

徳川家歴代の将軍と正室の中で、家茂と和宮は最も仲むつまじい夫婦の間柄だったと伝えられている。家茂は上洛の折と、1866年の第二次長州征伐の折かは定かではないが、和宮への手土産のためだろうか、直々に有松絞を買い求めに、この地を訪ねている。その際の将軍を護るお付には、かの新撰組（当時は芹沢鴨が筆頭の浪士組）が警護したと伝えられている。甘い

将軍家茂が二度訪れたといわれる茶室

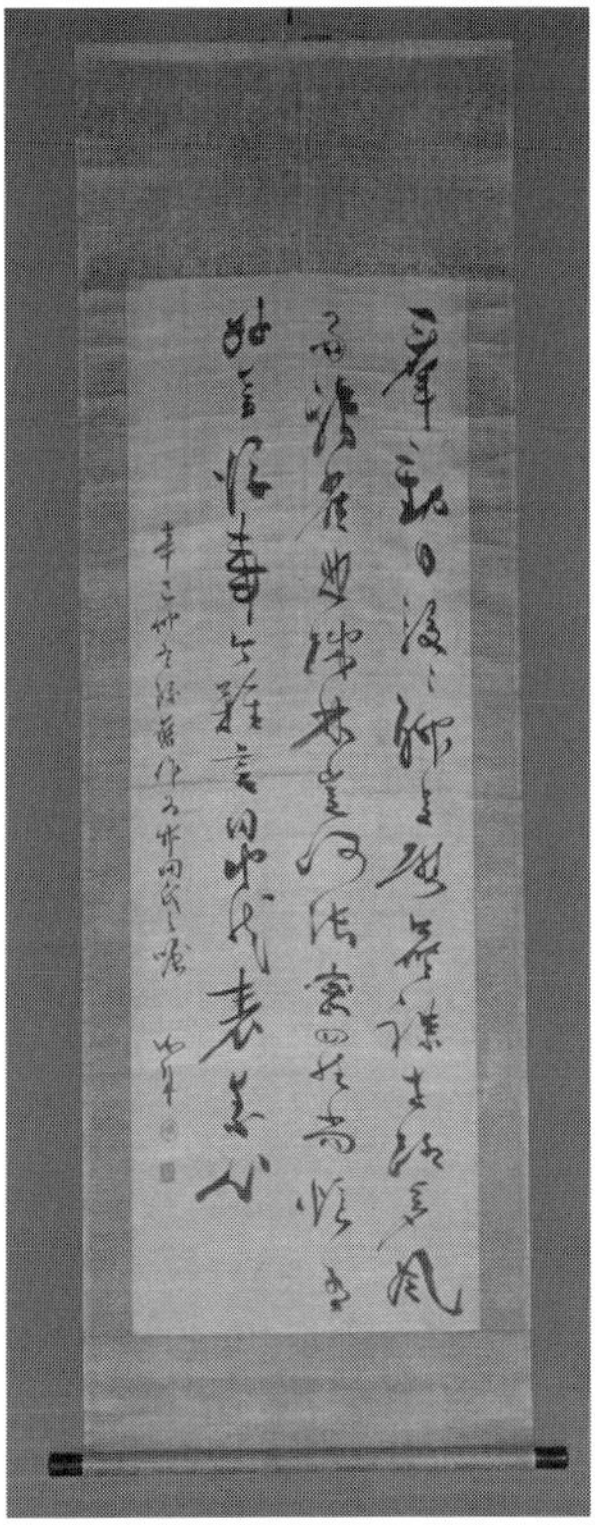

座敷にかけられた勝海舟の書

もの好きな家茂はこの二度の有松入りの際に、竹田家が所有する茶室で茶と菓子を嗜んだという。

勝海舟ゆかりの書

現在の竹田家は有松絞開祖である竹田庄九郎家から、明治維新の折に分家の竹田嘉兵衛家に受け継がれた。分家の屋号には東竹と西竹があり、西竹より笹屋が生まれ、笹屋より現在の嘉兵衛家の笹加が生まれた。賓客《ひんきゃく》は東海道に面した竹田家の右手の門から入る。将軍は恐らく、その奥のお庭を楽しめる座敷で有松絞の品定めをしたのではないかと推測されている。現在の当主である竹田嘉兵衛さんのご案内でこの座敷に入ると、床の間には勝海舟の書が掛かっており、1881年（明治14）11月に勝自らが竹田氏へ寄贈したと記されている。

この座敷から「有松絞開祖竹田庄九郎翁…」を記す石碑が建つ広い庭へ出て、さらに奥へと進むと当時のままの茶室がある。さすがに将軍が利用する茶室のためか、頭をさげて入室する躙《にじ》り口《ぐち》は設けられていない。この茶室にも、勝海舟の書が掛かっていた。わずか7年の将軍在位の間に二度も有松を訪れるとは、よほど和宮が有松絞を気に入ったのか、それとも家茂が茶室のもてなしを気に入ったのかは、定かではない。和宮の日記には「有松絞二個」との記録が残っていたと伝えられ、二代広重も「十四代将軍家茂上洛有松通行之図」という絵を残しているという。

幕末の日本とフランスの縁

アメリカの南北戦争と同様に国を二分する動きを見せる幕末の日本に対し、イギリスやフランスは軍需物資による交易の発展を強く希求していた。幕府側にはフランスが支持を表明し、薩長にはイギリスが支援した。徳川慶喜による大政奉還により彼らの思惑は挫《くじ》かれたが、その後、日本の歴史上でその理由がわからない三大謎の一つとされる西郷隆盛による戊辰戦争は、彼らが誘発したのではないかと伝えられている。

家茂が将軍職を継いだ当時、フランスやイタリアの養蚕業は伝染病により壊滅状態にあると聞き、家茂はフランスのナポレオン三世に日本の蚕を贈っている。その蚕を用い、ジャン・アンリ・ファーブルの助言をもとにルイ・パスツールが、伝染病の原因を突き止め、蚕をかけ合わせて品種改良をおこなったといわれている。そして、ナポレオン三世が家茂への謝礼として、軍馬の品種改良用にと、アラビア馬26頭を贈呈したと伝えきく。攘夷、攘夷とけたたましいあの幕末の世に、家茂のその温かい人柄を伝える、なんとも微笑ましいエピソードである。

そんな家茂の薨去《こうきょ》の報に触れ、勝海舟は日記に「徳川家、今日滅ぶ」と記した。家茂は幕臣にも慕われ、勝は急逝した家茂の大器の風格を大いに偲んだとも伝えられている。

茶室は竹田家の個人所有ではあるが、有松絞祭りなど、有松のイベントの際には一般にも公開されている。（山田）

茶室前にて竹田喜兵衛さん（中央）と筆者たち

躙《にじ》り口《ぐち》のない茶室

【column】

名古屋の五摂家

五摂家とは

藤原鎌足にはじまる藤原氏は、鎌足の子の不比等の亡きあと、４人の息子が「南家」、「北家」、「式家」、「京家」の四家を立てた。

藤原氏は他の貴族と権力争いを演じ、貴族の中の貴族となったが、今度は四家の主導権争いがはげしくなり、最終的に「北家」が勝利者となった。あの栄華をきわめた道長も「北家」の出身である。

道長以降、同じ「北家」でも、道長の子孫のみが「御堂流」と呼ばれたが、平安時代から鎌倉時代にかけて、御堂流から「近衛家」、「九条家」、「鷹司家」、「二条家」、「一条家」が生まれた。

この五家のことを五摂家といい、以後、明治時代になるまで、摂政と関白は五摂家が交代で就任するような形となる。

なお、明治天皇の美子《はるこ》皇后（昭憲皇太后）は一条家出身。また、大正天皇の節子《さだこ》皇后（貞明皇后）は九条家出身。

名古屋の五摂家

名古屋にも、かつて五摂家と呼ばれた家柄、いや企業があった。それは東海銀行、松坂屋、名鉄、中部電力、東邦ガスの５社である。

東海銀行は、１９４１年（昭和16）、旧愛知銀行、旧名古屋銀行、伊藤銀行の三行が合併したもの（旧愛知と旧名古屋は、現在あるものとは別物）。

松坂屋は、創業が一番古く、１６１１年（慶長16）。創業者は、信長の家臣だった伊藤蘭丸祐道《すけみち》。

名鉄は、１８９４年（明治27）に創業した愛知馬車鉄道がルーツ。

中部電力は、１８８９年、旧尾張藩士が設立した名古屋電燈がルーツ。

東邦ガスは、１９０６年に創業した名古屋瓦斯がルーツ。

これらの五摂家企業は、名古屋財界をけん引した名門企業だったが、２００２年（平成14）に東海銀行が三和銀行と合併。この時点で五摂家は死語になった。さらに、２０１０年に松坂屋が大丸と合併し、本社が名古屋市から撤退した。

五摂家という言葉に代わって登場したのが「御三家」という言葉で、中部電力、トヨタ自動車、ＪＲ東海の三社のことをいう。（冨永）

【column】

松坂屋のルーツは松阪？

松阪のルーツ

「松坂屋のルーツは松阪商人か？」といわれることが多い。しかし、松坂屋のルーツをたどっていくと、これは間違い。

今日の松阪市のルーツは、1588年（天正16）に蒲生《がもう》氏郷《うじさと》（近江出身、信長の娘婿）が、松坂城を築城したことにはじまる。氏郷は城下を発展させるため、旧領の近江から近江商人を誘致した。

1889年（明治22）の市町村制の施行により、松坂は松阪と改名。なお、松坂城のみは築城当時の表記を使用。

松坂屋のルーツ

『松坂屋百年史』（2010年、松坂屋発行）によれば、松坂屋の創業者、伊藤氏は、美濃出身の武士。信長に仕えた伊藤蘭丸祐広《すけひろ》は、戦で討死。その子の蘭丸祐道《すけみち》（森蘭丸とは別人）は、信長の小姓の一人となった。

1582年（天正10）、本能寺で信長が討たれると、祐道は浪人となり、清須で商人になった。その後、名古屋城の築城にともなう清須越しで、1611年（慶長16）、名古屋の本町に呉服小間物商「伊藤屋」を創業した。ところが、この祐道は、大坂夏の陣で、豊臣方にくみし、そこで討死。その結果、店は閉店してしまう。

祐道の子祐基《すけもと》は、1659年（万治2）、茶屋町に呉服小間物屋「伊藤屋」を復活させた。祐基は、次男だったため、それ以降、伊藤次郎左衛門を襲名することとなった。

やがて尾張藩の御用商人となった伊藤屋は、1768年（明和5）に江戸上野にあった「松坂屋」を買収し「いとう松坂屋」と改称した。松坂屋という屋号は、江戸市中に知れ渡っていたため、その名をとったといわれる。

上野にあった松坂屋は、伊勢松坂出身の太田利兵衛が創業したものだったので、名古屋の松坂屋も松阪商人がつくった、という誤解を生んだ。

松坂屋は1881年（明治14）、伊藤銀行（その後東海銀行、現・三菱東京UFJ銀行）を開業。1910年、栄交差点の角地に、名古屋初の百貨店を開業した。1925年（大正14）、ここにあった本店は、現在地に移転する。この年、全店の名称を「松坂屋」に統一した。（冨永）

【column】

清須越し

町ぐるみの引っ越し

名古屋の街は、およそ400年前、清須からの町ぐるみの引っ越しによりできあがった。織田信長の清須入城以来関ヶ原の合戦後尾張の領主となった徳川家康の四男松平忠吉の時代まで、尾張の中心地は清須であった。しかし、この地は低湿地であるため水害を受けやすかった。また、天正地震の折には噴砂が発生して大きな被害が発生したことが発掘調査によって確認されている。このため、大坂の豊臣氏攻略を目論んでいた徳川家康は、1608年（慶長13）に新たな城と城下町の候補地の調査を命じた。家康の命を受けた牧信次は、那古野、古渡、小牧城跡を調査し、報告を受けた家康は翌1609年1月、那古野城の地に築城することを決め、11月に縄張りが開始された。この頃の那古野は堀詰町・納屋町などの五町が存在する美濃路沿いの小さな集落に過ぎなかった。1612年に天守閣が完成し、町割りも実施され、翌年には藩士と町人の住居が定められて、清須からの大規模な移住がおこなわれた。

町の名前までも引っ越し

清須越しは、武士・商人・職人といった人に留まらず、百を超える神社・仏閣と橋、さらに町名までも含む町がまるごと移動するという徹底したものであった。そのため、清須はすっかり寂れてしまい、「思いがけない名古屋が出来て花の清須は野となろう」と臼挽き歌でうたわれたという。

尾張藩が城下の有力町人に由緒の書き上げを命じて編纂された『寛延旧家集』記載の115家の町人のうち97家が清須からの移住者で、その中には御勝手御用達の筆頭となり後年松坂屋を興した伊藤次郎左衛門家の本家にあたる仁兵衛家や鋳物師頭水野太郎左衛門家などが含まれている。これら清須越しの町人は名古屋商人の中核を成し、城下町のメインストリートである本町通の東側に多く居住した。

清須から移転した神社・寺院としては、広小路通に面す

朝日神社

る朝日神社・中区新栄の白山神社、東区高岳町の地名の由来となった高岳院や長久寺などがある。朝日神社は清須の朝日に鎮座していたが、1611年に現在の地に遷座し、広小路神明宮とも呼ばれた。また、架け替えられてはいるが、堀川の五条橋は、清須の五条川の橋を移設したもので、今風にいえばリユースということになる。その擬宝珠は名古屋城に保管されている。

　名古屋の中心部「錦」には、長者町・伊勢町・御園町・長島町などという清須に由来する町名が通・筋の名として残っている。

　清須越しのルートは、陸路と水路が考えられる。陸路は、清須から枇杷島橋を渡って名古屋に至る道であるが、当時の橋は荷車が通行できなかったため大きな荷物の運搬には難渋したことであろう。水路は五条川から庄内川を経由して伊勢湾に出て、熱田から堀川を遡上するルートである。この舟運による方法は、堀川の河口と堀留の高低差がわずか2・4mなので建築材など大型の荷物の運搬にも適していたであろう。（水谷）

五条橋

清須越しの物資を運んだ堀川

堀川沿い四間道の町屋

【column】

名古屋の老舗企業

2008年（平成20）、名古屋開府400年記念事業が華々しく開催された。1610年（慶長15）、徳川家康により名古屋城築城にあたって当時の尾張藩の中心地、清須から城、寺院、橋、石垣、家屋など、あるいは町の名前や橋の名前に至る諸々のもの、農民を除く尾張藩の武士ならびに町人たちがこぞって名古屋城下に移り住んだ。このとき移住した町人を「清須越し」というが、『名古屋市史』にある『寛延旧家集』では115家があり、そのうち97家が清須越し、9家が駿河越しである。

2012年の「日本経済新聞」や帝国データバンクの調査では、以下のような企業が名古屋市内にある。

一番古い企業は、東区泉二丁目にある「鍋屋」である。この企業は信長の朱印状を得て、1559年（永禄2）、鍋屋上野で鋳物業を開き、その後清須へ、さらに名古屋城築城に伴って清須から東区の鍋屋町（当時の碁盤割の一番東のはずれ）、現在の東区泉二丁目に移った。鍋屋は鋳物業で火を使うため、火の用心のため東のはずれに土地をもらったという伝承がある。

二番目以下、タキモ商店（1596年、中区、食料品卸）、ヒロセ合金（1603年、熱田区、銅合金鋳物製造）、丸栄（1615年、中区、呉服－百貨店）、かとう石店（1624年、昭和区、墓石販売）、両口屋是清、（1634年、中区、和菓子製造）、餅文総本店（1659年、中区、和菓子製造）。

松坂屋の伊藤次郎左衛門家は、1611年（慶長16）、初代が本町において呉服小間物商を開業している。

現在、愛知県内でもっとも古い企業は一宮にある「中村社寺」で970年に創業している。

おもしろい資料がある。資料名は「名古屋持丸鑑」。1880年につくられた名古屋の資産家を調べたもので木版刷1枚の資料、現在は徳川林政史研究所に所蔵されている。当時は会社など法人組織がまだないのでこれが企業の台帳ともいえる。

勧進元は、第十一銀行、第百三十四銀行、行司は三井銀行など。

大関には伊藤次郎左衛門（茶屋町）、岡谷惣助（鉄砲町）、関脇には関戸守彦、伊藤忠左衛門、小結に中村與右衛門、武山勘七、岡田徳右衛門、前頭に滝兵右衛門などが載せられている。（水野）

III

街の趣き、歴史を探る

中世の郷・御器所に現れたグランド・クロス

【昭和区】

八幡山古墳

御器所《ごきそ》は江戸末期から昭和初期にかけて、「ごきそ大根」と呼ばれるタクアンで有名な地だったが、地名としての歴史は古い。すでに鎌倉時代（1185～1333）の文献にも見られるという。その由来について、『尾張志』に「御器所荘」として「府城東南一里にあり。此地は古 熱田御神領で神事に用いる土器を調進する故に御器所と名つけたるよし」と記されている。

さらに遡れば、御器所の西北西にある鶴舞との間には、東海地方最大級の円墳、5世紀の中頃につくられた八幡山古墳があり、この地を治めたかつての一大勢力の拠点でもあった。

さて、御器所交差点から南西の方角にある「御器所八幡宮」は、一説によると仁明《にんみょう》天皇の勅願によって熱田神宮の鬼門方位の守護として創建されたという。1441年（嘉吉《かきつ》元）の棟札にもあるように、当時の名は「八所大明神」と尊称され、御器所荘一帯の総鎮守として鎮座された総社だった。この名は、八座の神様をお祭りするという意があり、天照大神《あまてらすおおみかみ》と建速須佐《たけはやすさ》之男命《のおのみこと》が高天原《たかまがはら》にて誓約《うけい》（占い）した際に生まれた五男三

◉所在地＝・八所明神御器所八幡社：昭和区御器所町 4-4-24
・名古屋ハリスト正教会 神現聖堂：昭和区山脇町 1-3-3
・名古屋聖書パプテスト教会：昭和区壇渓通 1-25
・名古屋神召キリスト教会：昭和区曙町 3-18-1
・末日聖徒イエス・キリスト教会御器所ワード：昭和区北山町 3-41
・日本基督教団御器所教会：昭和区御器所通 2-15
・名古屋マタイ教会：昭和区明月町 2-53-1
・日本基督教団桜山教会：昭和区桜山町 1-12
・カトリック恵方町教会：昭和区恵方町 2-15
◉交通＝地下鉄「荒畑」、「御器所」、「吹上」、「桜山」、「川名」

御器所八幡宮正面

女神の八柱が祭られたと伝えられている。先に触れた八幡山古墳は「八所大明神」の北端に位置する奥宮とされ、室町時代（1338〜1573）の初期から織田信長の家臣団に加わる御器所城主佐久間家一門が、この円墳の頂で御神湯を設け、佐久間城主に献湯する湯立て神事をおこなった。

この神事は今でも節分の日に「金の湯、湯立て神事」として受け継がれている。

しかし、八幡山古墳は第二次世界大戦中に陸軍に接収、高射砲を設営するために樹木が伐採され、円墳の頭頂部は削られてしまったという。

武運と学問の神様が揃う

御器所八幡宮の1600年（慶長5）の棟札によると、徳川家康が小牧・長久手の戦いの前に島田城城主大島清左衛門の案内によって閑道見分をした際に戦勝祈願したとあり、関ケ原の戦いの後には家康自らの指示により大島雲八郎光吉によって社殿の造営をしたと伝えられている。御器所村は後の大政所《おおまんどころ》、つまり豊臣秀吉の生母「なか」の生まれた郷でもあり、豊臣と徳川という武運にまつわる地でもある。

1659年（万治2）には、尾張藩主徳川光友により社殿の修復がおこなわれ、祖先の松平氏の守護である八幡様を称し

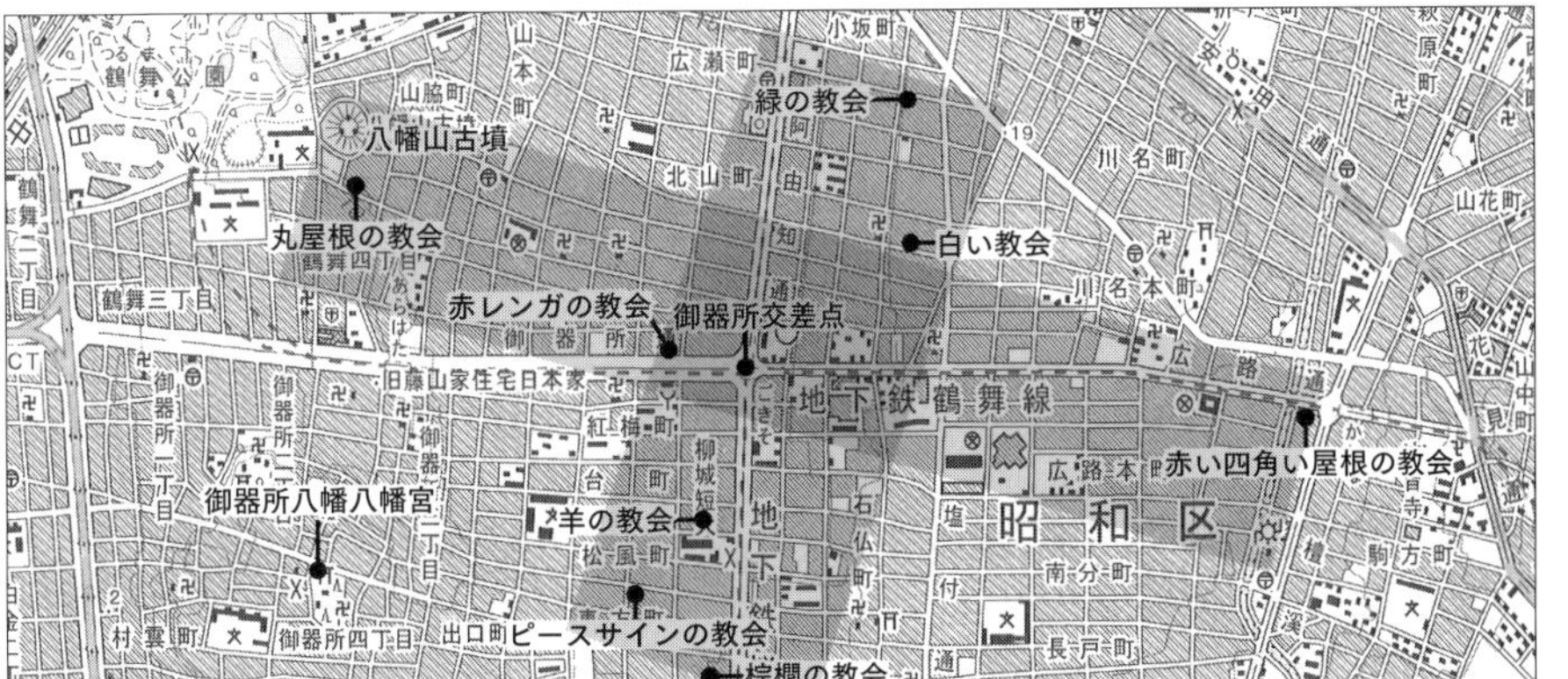

た「御器所八幡宮」と改めた。江戸時代には森と池に囲まれ、この神社を中心とした街道が走り、その名残が今も遺っている。１８７３年（明治６）に、かつての広大な天神森は御器所小学校に生まれ変わった。その際に天神森の社にあった菅原道真公が御器所神社の御本殿に移された。明治以前には藤原氏の末裔が神官として仕えていたこともあり、今では「御器所八幡宮」は必勝と学問の神様が揃う縁起の良い神社となった。

丸屋根の教会全景（名古屋ハリストス正教会　神現聖堂）

江戸から現代の御器所へ

徳川家康は「清須越し」と同時に、１６１２年（慶長17）に禁教令を発し、日本からキリスト教を徹底的に排除したが、明治維新を経て、１８７４年（明治７）に名古屋ハリストス正教会が桶屋町（現在の伏見界隈）で伝道を再開。富士塚町や山花町を経て２０１０年（平成22）に前述の八幡山古墳近くの現在地に移転した。これにより、誰も気づくことなく、現在のグランド・クロスは完成された。つまり、御器所の交差点を中心として、ギリシャ正教、カトリック、プロテスタント、イングランド国教会、モルモン教など、キリスト教にまつわる八つの教会が何故か、地上に大きな十字（グランド・クロス）を形成するかのように点在して集まってきたのだ。

赤い四角い屋根の教会（名古屋聖書バプテスト教会）

聖書の中では、人はもろく壊れやすい土の器と例えられ、「土の器に尊い宝（光）が納められる」と表現している。この「土の器」と「御器所」

緑の教会（名古屋神召キリスト教会）

の器とがひょっとすると関係しているのだろうか？

　さっそく、御器所交差点の周辺にある八つの教会を巡ってみる。白や緑に染まる教会、赤く四角い屋根や青い丸屋根を戴いた教会、赤レンガや棕櫚の高木、羊のマークを冠した教会、そしてピースサインをする母子像が微笑ましく出迎えてくれる教会。個性的で洋風の洒落た教会群が、住宅街と化した町に彩りを添えてくれる。あたかも、欠けてひび割れた土の器から、散り散りに光が溢れるかのように…。御器所界隈に生じた時代の変遷を感じつつ、現代に顕れた光の欠片を確かめながら、気軽にまち歩きを楽しんでみよう。（山田）

棕櫚の教会（日本基督教団桜山教会）

白い教会（末日聖徒イエス・キリスト教会御器所ワード）

羊の教会（名古屋聖マタイ教会）

赤レンガの教会（日本基督教団御器所教会）

ピースサインの教会
（カトリック恵方教会）

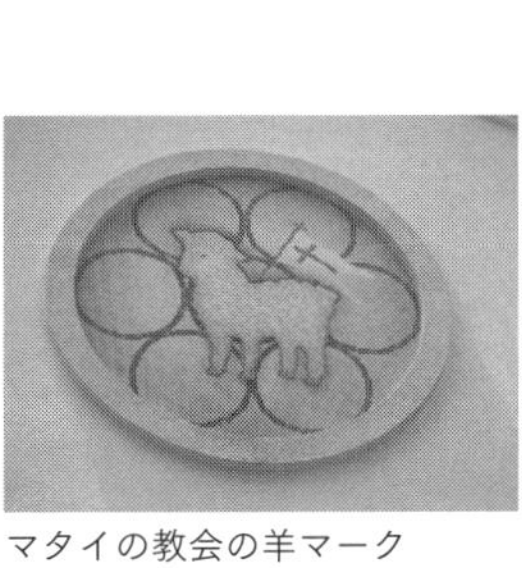
マタイの教会の羊マーク

登城街道に乗っかった道

【千種区】

郡道

1871年（明治4）の廃藩置県によって藩が府県となり中央集権が確立された。1878年には、郡は、府・県の下の行政単位として定められた。明治期には郡によって管理される道は郡道と呼ばれて全国各地にあり、珍しいものではなかった。1923年（大正12）の『愛知郡誌』によれば当時の郡内には49本の郡道が通っていたという。

名古屋市内には現在も地域の人々に呼び親しまれている

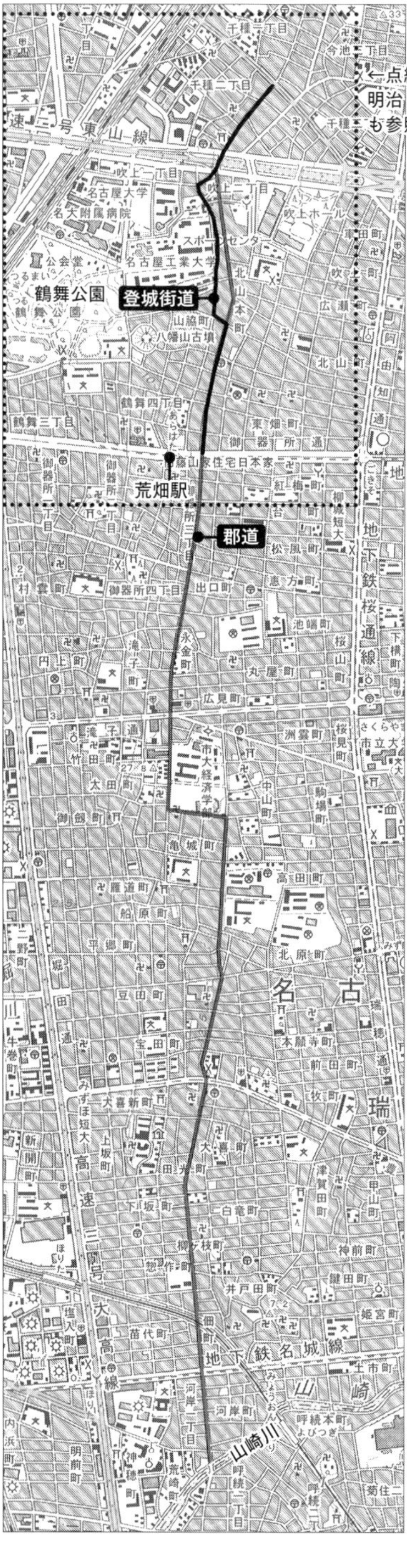

◉所在地＝千種区古井ノ坂～瑞穂区河岸町
◉交通＝地下鉄「市役所」

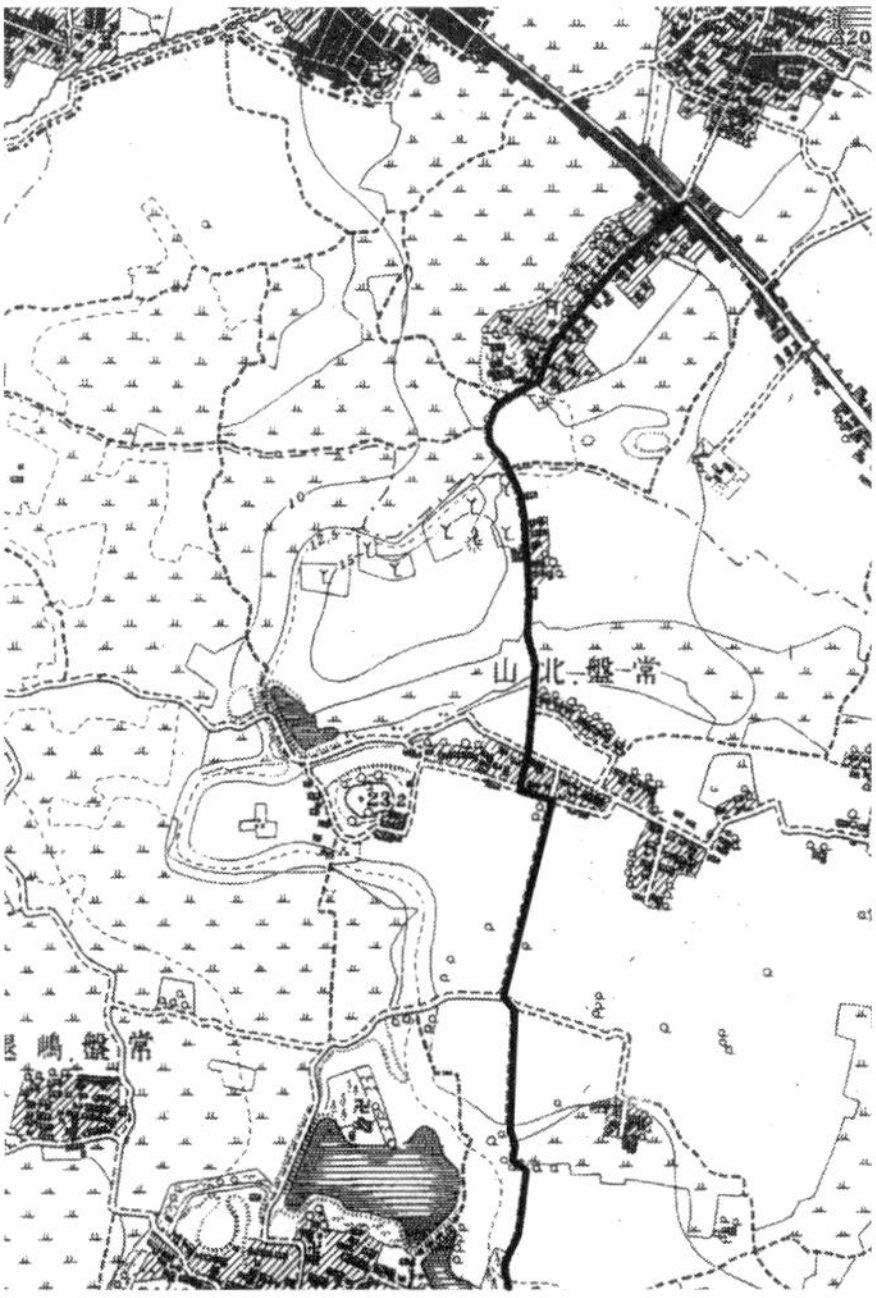

明治24年　登城街道

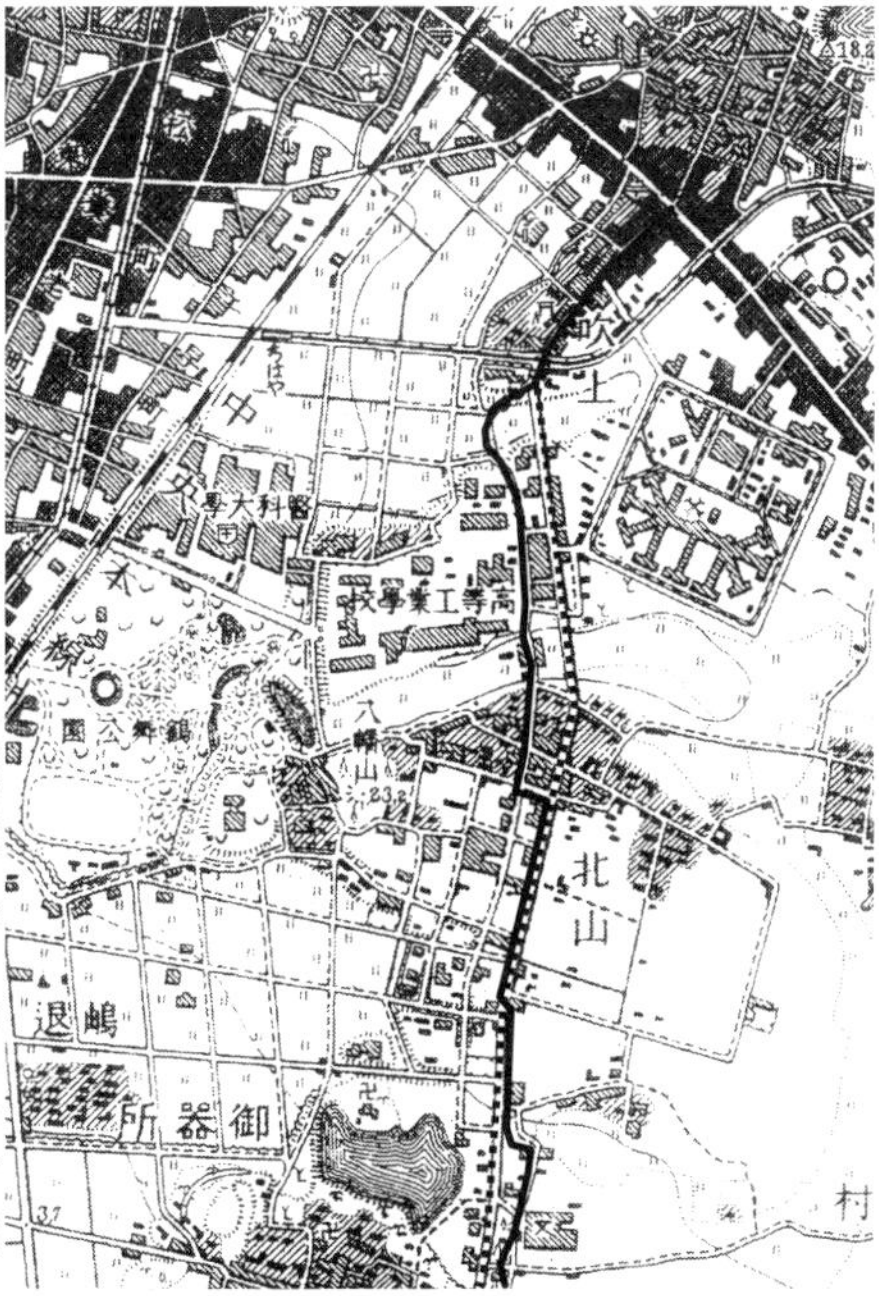

大正9年　登城街道と郡道（点線）

郡道がある。それは岡崎街道とか駿河街道とか呼ばれた現在の飯田街道の千種区古井《こい》ノ坂から昭和区・瑞穂区を通り南区の手前、東海道が山崎川と交差するあたりまで続いている。

　かつて熱田の市場町にあった愛知郡役場が御器所《ごきそ》へ移転した。ところが当時の御器所は町はずれに近い場所だったことから、アクセスの整備が必要だった。

　そこで1909年、新たに北の古井ノ坂から役場までの「千種《ちくさ》街道」と、南の東海道から役場までの「山崎街道」という2街道を完成させ、郡役所の管理とした。

　その後2街道の両側には商店が立ち並ぶようになり、1950年代後半には栄と丹八山を結ぶ市バスが通るなど主要幹線道路へと発展していった。いつの頃からか地域の人々はこの南北2街道を総称して郡道と呼ぶようになり、その名が定着した。

　郡制度は1923年4月1日に廃止。郡道という名は制度上なくなった。

　高度成長にともなって交通量も次第に増え、大型車の通

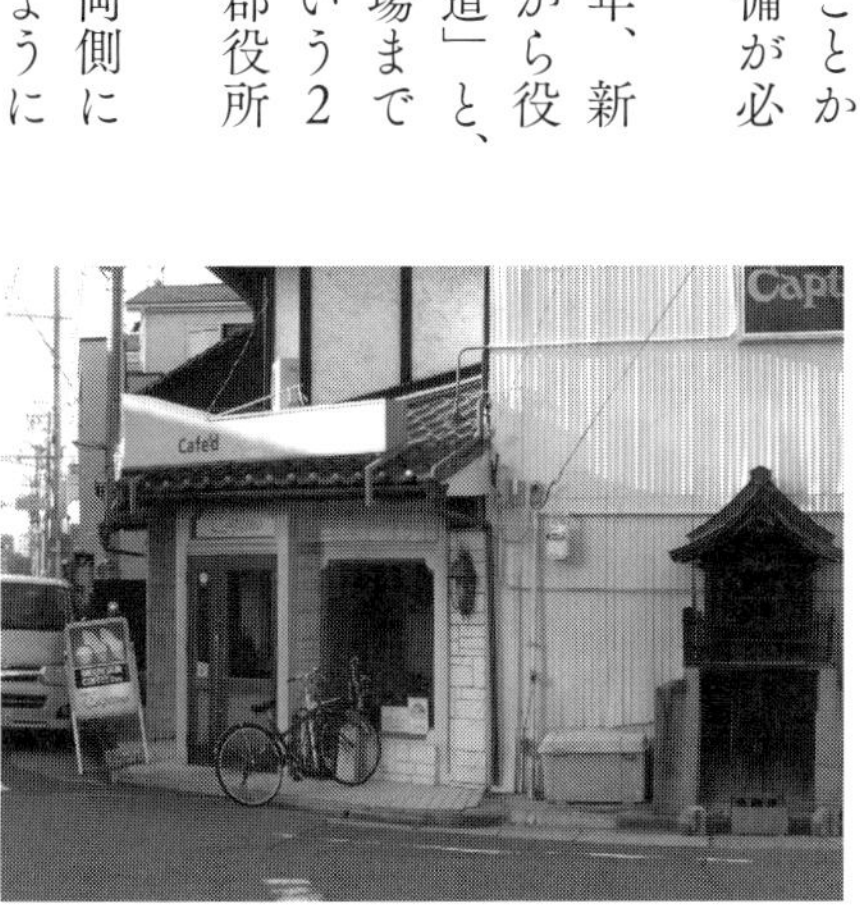

地上に降りた屋根神様（北山本町1南）

クラッシックな洋館建ても（出口北）

るには狭くなったことから1967年（昭和42）ころには市バス路線は廃止された。しかし、現在も地域の人々の間では相変わらず郡道という呼び方を引き継いでいる。こんな呼び方が残っているのは全国的にも珍しいようだ。

登城街道

ところで、この郡道に平行する細い道が一部にあるのをご存じだろうか。現在、名古屋工業大学の東に沿う細道が地下鉄の荒畑駅付近まで続く部分である。これは地元の人に聞けば登城街道だという。名古屋城にそれほど近くなく、武士の住む地域もなかったのになぜこんな名前がついたのか不思議である。御器所村の農家が野菜などを担いで名古屋城に届けるために登城した街道だったのだろうか。

登城街道には往時をしのばせる門構えも（山脇町）

　郡道が完成した後の1920年（大正9）の地図を見ると（前ページ）、はっきりと郡道の位置がわかる。これに、まだ郡道のなかった1891年（明治24）の地図を重ね合わせると、郡道が昔からの細い道をベースに整備されたことがよくわかる。さらに郡道が直

沿線には大きなお屋敷が多い（荒畑北）

線状につくられたことによって、一部に取り残されたところがあるのも見てとれる。
くねくねと曲がりながらも先へ先へと続く細道は古くから人の往来のあった道を彷彿とさせる。

古道を歩く楽しみ

時代の波に取り残された郡道とそれに平行してわずかに残る登城街道。かつての栄華の姿こそ見られないものの、そこに住んでいる人たちの生活道路として活き活きとした道を感じることができる。

細く曲がりくねった登城街道（鶴舞4丁目）

また、歩いてみると意外な発見が少なくない。時代を経てきた街道の周辺にはさまざまなものが残されているからである。

名古屋の地質図を見ると郡道の通る部分は瑞穂台地と呼ばれる半島状の西端を通っていることがわかる。これは郡道の沿線には昔から多くの人々の暮らしがあったということを意味する。

これを裏づけるように郡道に平行して古墳がいくつも点在する。瑞穂台地の先端は瑞穂区の大喜あたりから下がっているが、この間に消滅古墳や陪墳《ばいちょう》も含めると6つを数える。

また、古くからの社寺も多い。北から尾陽神社・御器所八幡宮・金龍寺・海上寺・天理教・大喜寺・龍泉寺などである。尾陽神社は佐久間家勝の居城だった御器所西城跡である。御器所八幡宮は佐久間家勝が領内にあった八所大明神を改築したと伝えられている。これ以外にも北山本町1の屋根神様、山脇町の観音堂、出口町のイボ神様など興味を引くものが多くある。

さらに歩いていて気がつくのは沿線に大学・高校が多いことである。名古屋工業大学はすでに述べたが、桜花学園高校・向陽高校・名古屋市立大学・名古屋経済大学（付属高校・中学）・名古屋大谷高校・瑞陵高校・愛知みずほ大学（短大部・高校）である。名古屋市立大学は旧第八高等学校であり、瑞陵高校は旧制第五中学である。（粟田）

名古屋にもある霊場巡り

名古屋の歴史は、1610年（慶長15）の名古屋城の築城以降、と思い込んできたふしがある。しかし、この物言い、そろそろやめにしてはどうか。

熱田神宮には1900年を越える歴史があり、市内にいくつもある式内社（927年にまとめた『延喜式』の「神名帳《じんみょうちょう》」に記載されている神社）は、1000年以上の歴史をもつ。また、近世以前の鎌倉時代や室町時代に建てられた寺もある。

400年前、日本じゅうに城下町がつくられた。名古屋もその一つだが、名古屋そのものの歴史や寺社の歴史はそれよりもはるかに古い。なのに、どうして築城400年にこだわるのだろうか？

霊場巡りのひそかなブーム

第二の人生を迎えた高齢者や若い人の間で、霊場巡りがひそかなブームになっているという。霊場巡りツアーの企画も増えてきた。

日本各地にはさまざまな霊場巡りがある。有名なものに四国八十八個所や西国三十三観音があるが、その地方版もたくさんある。

市内にも、七福神霊場、弘法霊場、観音霊場などがあり、一日乗車券を買えば、かなりの寺を巡ることができる。霊場巡りは御朱印帳をうめることで達成感も大きい。また、これまで行ったことのないお寺を巡ることで、何かしら新しい出合い、新しい発見があるかもしれない。おまけに健康増進にもつながる。

なごや七福神

七福神とは、「恵比寿・大黒天・毘沙門天《びしゃもん》・弁（辯）才（財）天・福禄寿・寿老人《じゅろうじん》・布袋《ほてい》」の七神のことをいう。

恵比寿は日本古来の神道の神。大黒天、毘沙門天、弁才天は、仏教の守護神となったインド古来のバラモン教の神。福禄寿、寿老人は中国道教の神。布袋は実在した中国の僧侶がモデルとなっており、国際色豊かな神々である。しかし、神だから神社に祀られているわけではなく、いずれも寺で祀られている。

　七福神信仰は、室町時代末期にはじまり、江戸時代に定着したという。なごや七福神の開創は、1987年（昭和62）である。

　順序はなく、どこから巡っても御利益は変わらない。7回巡ると各札所特製の絵馬（市販していない）が1枚もらえる。7枚の絵馬を全部集めようとおもったら、7寺×7回で1枚。7枚ならその7倍で、都合343回巡る必要がある。

なごや七福神は次のとおり。
1　笠寺観音（笠覆寺《りゅうふく》）、恵比須
2　宝珠院、大黒天
3　福生院、毘沙門天

◉所在地・交通＝**名古屋七福神**
- 笠寺観音　南区笠寺町上新町 83　市バス「笠寺西門」
- 宝珠院　中川区中郷 1-11　地下鉄「高畑」
- 福生院　中区錦 2-5-22　地下鉄「伏見」
- 辯天寺　港区多加良浦町 4-278　市バス「弁天裏」
- 萬福院　中区栄 5-26-24　地下鉄「矢場町」
- 興正寺　昭和区八事本町 78　地下鉄「八事」
- 大須観音　中区大須 2-21-47　地下鉄「大須観音」

◉所在地・交通＝**名古屋廿一大師**
1　大須観音　前掲
2　七寺《ななつでら》　中区大須 2-28-5　地下鉄「大須観音」
3　萬福院　前掲
4　延命院　中区錦 2-8-20　地下鉄「伏見」
5　福生院　前掲
6　長久寺　東区白壁 3-24-47　市バス「白壁」
7　東界寺　東区出来町 3-1-25　市バス「古出来町」
8　常光院　北区山田町 3-54　地下鉄「大曽根」
9　護国院　北区楠町味碗 2-732　市バス「味鋺」
10　宝蔵院　中川区伏屋 2-707　近鉄「伏屋」
11　宝珠院　前掲
12　辯天寺　前掲
13　弥勒院　熱田区旗屋 2-25-13　地下鉄「神宮西」
14　喜見寺《きけんじ》　熱田区神宮 2-4-10　地下鉄「伝馬町 」
15　地蔵院　南区呼続 3-11-27　市バス「呼続町」
16　笠寺観音　前掲
17　大喜寺《たいぎじ》　瑞穂区大喜町 3-20　市バス「大喜」
18　海上寺《かいじょうじ》　瑞穂区直来町 5-5　地下鉄「瑞穂区役所」
19　金龍寺《きんりゅうじ》　瑞穂区亀城町 5-31　市バス「滝子」
20　龍福寺　昭和区滝子町 30-25　市バス「滝子通２」
21　興正寺　前掲

4　辯天寺、辯才天
5　萬福院、福禄寿
6　興正寺、寿老人
7　大須観音、布袋

名古屋廿一大師

大師とは、中国や日本において、偉大な僧師に対して、朝廷から贈られる尊称で、多くは死後贈られる諡号《しごう》。日本の宗祖たちはむろんのこと、ほかにも大師号を贈られているが、大師といえば、弘法大師。それが真っ先に出てくるほど、日本人に親しまれている。

名古屋廿一大師は、弘法大師の命日にあたる3月21日にちなんで、江戸時代に、名古屋城を中心とした真言寺院廿一カ寺を札所として定めたもの。第二次世界大戦による戦災を受けて途絶したが、1969年（昭和44）に復活。全行程は約65㎞。3回巡ると水晶製の特別な念珠がいただける。

名古屋廿一大師は次のとおり。

1　大須観音
2　七寺《ななつでら》
3　萬福院
4　延命院
5　福生院
6　長久寺
7　東界寺
8　常光院
9　護国院
10　宝蔵院
11　宝珠院
12　辯天寺
13　弥勒院
14　喜見寺《きけんじ》
15　地蔵院
16　笠寺観音
17　大喜寺《たいぎじ》
18　海上寺《かいじょうじ》
19　金龍寺《きんりゅうじ》
20　龍福寺
21　興正寺

鳴海宿十ケ寺

鳴海の歴史は、名古屋の歴史よりも古い。ここには、飛鳥時代の686年、日本武尊の縁で鎮座された成海《なるみ》神社がある。下って、律令時代には、五畿七道の一つ、東海道が整備され、鎌倉時代には、律令時代の東海道を再整備した鎌倉街道がつくられたため、多くの人々の往来があったという。

さらに下って戦国時代になると、鳴海の地は、織田氏と今川氏の勢力がぶつかり合う場所となった。双方が入り乱れて最前線の城や砦を築いている。1560年（永禄3）の桶狭間の戦いでは、その前哨戦（丸根砦、鷲津砦の攻防戦）が鳴海付近でおこなわれた。

江戸時代のはじめにできた東海道は、鎌倉街道を再整備したものであり、鳴海には東海道五十三次の40番目の宿が置かれた。鳴海宿は、池鯉鮒（現在の知立）と宮の間に置かれた正規の宿場町であり、『図説東海道歴史散歩』（別冊歴史読本、新人物往来社）によると、人口３６４３人、家屋８４７軒、本陣１軒、脇本陣２軒、旅籠68軒という数字が残っている。なお、絞りで有名な有松は、正規の宿場町

◉所在地・交通＝**鳴海宿十一ケ寺**

1　桂林寺　緑区鳴海町古鳴海 47
2　光明寺　緑区鳴海町丹下 26
3　長翁寺　緑区鳴海町花井 50
4　東福院　緑区鳴海町花井 3
5　如意寺　緑区鳴海町作町 85
6　誓願寺　緑区鳴海町根古屋 16
7　圓道寺　緑区鳴海町根古屋 18
8　圓龍寺　緑区鳴海町本町 11-1
9　瑞泉寺　緑区鳴海町相原町 4
10　金剛寺　緑区鳴海町平部 41
11　浄蓮寺　緑区相原郷 1-302
地下鉄「野並」から名鉄「鳴海」に南下

◉所在地・交通＝**尾張三十三観音（市内分）**

1　大須観音　前掲
2　長栄寺　中区橘 1-14-37　地下鉄「上前津」
3　笠寺観音　前掲
4　長楽寺　南区呼続 4-13-18　市バス「呼続町」
12　荒子観音　中川区荒子町宮窓 138　あおなみ線「荒子」
25　龍泉寺　守山区竜泉寺 1-902　ゆとりーとライン「竜泉寺」
28　長母寺　東区矢田 3-13-71　名鉄「矢田」
29　久国寺　北区大杉 3-2-27　市バス「清水２」
30　善福院　東区白壁 3-22-24　市バス「白壁」
32　仏地院　天白区音聞山 1324　市バス「音聞山」
33　興正寺　前掲

◉所在地・交通＝**東海三十六不動尊（市内分）**

6　護国院　前掲
7　長久寺　前掲
8　建中寺　東区筒井 1-7-57　地下鉄「車道」
9　七寺　前掲
10　大須観音　前掲
11　萬福院　前掲
12　福生院　前掲
13　宝珠院　前掲
14　大学院　天白区元八事 1-197　市バス「下八事」
15　笠寺観音　前掲
36　興正寺　前掲

ではなく、間宿《あいのしゅく》（宿場町と宿場町の間にあった休憩所）という位置づけである。

鳴海宿十一ケ寺は、通常の霊場巡りではなく、鳴海宿に集中している由緒ある寺をめぐってもらい、鳴海の歴史を深めてもらいたいという趣旨で、平成のはじめ、鳴海商工会が企画したものである。

鳴海宿十一ケ寺は次のとおり。

1 桂林寺
2 光明寺
3 長翁寺
4 東福院
5 如意寺
6 誓願寺
7 圓道寺
8 圓龍寺
9 瑞泉寺
10 金剛寺
11 浄蓮寺

このなかには、平安時代、鎌倉時代、室町時代に創建された寺院も多く、鳴海の古さを物語っている。

地下鉄桜通線野並で降りて、名鉄鳴海駅まで巡るのがおすすめ。総延長およそ7㎞、所要時間は6時間という。これなら、一日で回れる。あわせて、旧東海道の町並みや、戦国時代の砦跡なども巡れば、鳴海の古さを肌で感じるはず。

尾張三十三観音

観音とは、大乗仏教が生み出した菩薩のひとつで、正式には観世音菩薩または観自在菩薩という。あまねく人々を救うために、聖観音、十一面観音、千手観音、馬頭観音、如意輪観音、准胝観音など三十三に変身するという。

尾張三十三観音霊場は、江戸時代に同じ名前の霊場巡りがあったというが、現在のものは、1955年（昭和30）開創。尾張三十三観音、三河三十三観音、美濃三十三観音と豊川稲荷をあわせて、東海百観音という。

尾張三十三観音は市内だけでなく、市外にも広がっている。そのうち、市内の霊場は約3分の1で、次のとおり。

1 大須観音
2 長栄寺
3 笠寺観音
4 長楽寺
12 荒子観音
25 龍泉寺
28 長母寺
29 久国寺
30 善福院
32 仏地院
33 興正寺

東海三十六不動尊

不動明王は、密教が生み出した明王のひとつ。大日如来の化身、またはバラモン教のシヴァ神の化身ともいわれる。不動明王は三十六童子をしたがえていることから、三十六不動尊という数字ができた。

不動明王は、アジアの仏教圏のなかでは、日本においてとくに信仰されている。仏教にしたがわない者を強制的に悟らせるため、憤怒の形相をしている。

東海三十六不動尊は、愛知、三重、岐阜の東海三県に広がる不動明王の霊場。開創は1989年（平成元）。そのうち、市内の霊場は約3分の1で、次のとおり。

6 護国院
7 長久寺
8 建中寺
9 七寺
10 大須観音
11 萬福院
12 福生院
13 宝珠院
14 大学院
15 笠寺観音
36 興正寺

一番札所は犬山にある成田山名古屋別院。

御朱印帳

御朱印帳は、一般的にどこでも市販されている無地のものよりも、専用の御朱印帳の購入をおすすめしたい。値段は500円から1000円程度。なごや七福神霊場の御朱印帳は、どの寺でも購入できるが、それ以外は一番札所で問い合わせていただきたい。御朱印料は一回につき100円。無地に手書きの場合は、300円。（冨永）

御朱印帳

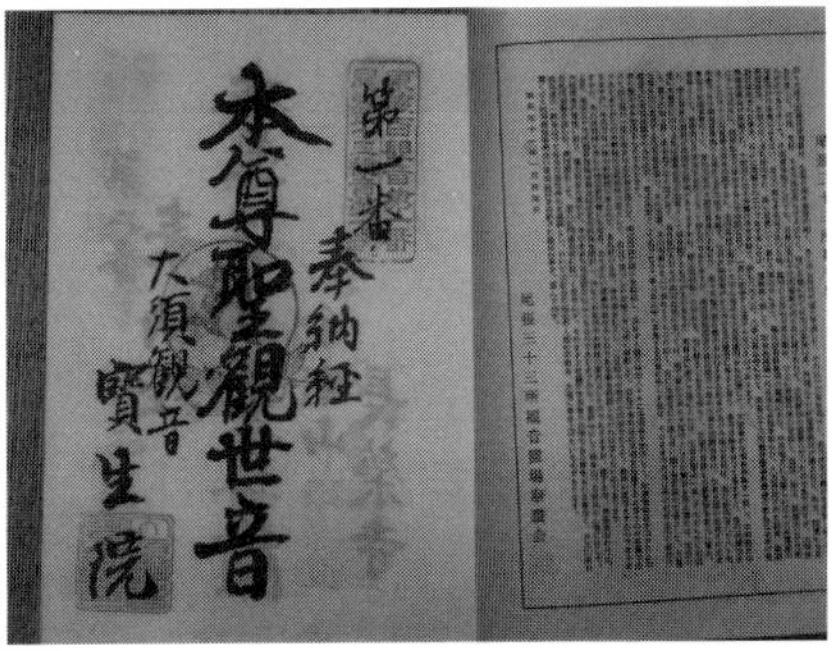

日本で唯一のチベット密教寺院、チャンバリン（弥勒寺）

【守山区】

　守山区の龍泉寺街道沿いにあるキンキラのお寺。何やらあやしげな新興宗教のお寺にみえるチャンバリン（漢字で書くと強巴林。チベット語で弥勒寺という意味）は、れっきとしたチベット密教のお寺で、日本では唯一のチベット密教寺院である。

　密教とは、インド仏教の最終段階に登場した仏教で、インド固有のヒンドゥー教といちじるしく習合した仏教である。インド密教は、その後、チベット、モンゴル、中国、そして日本に伝わる。

　空海が開いた真言密教と、比叡山延暦寺を拠点とする天台密教（最澄が開いた天台宗は密教ではなく、最澄の死後、密教化）は、平安時代の日本仏教界の二大勢力となった。

　チベット密教は、基本的には天台密教や真言密教と同質の仏教である。大日如来、曼荼羅、加持祈祷、密教法具、密教経典といったものは共通している。ただし、化身ラマの存在、五体投地の礼拝、後期密教（タントラ）などはチベット密教独自の特徴。

チャンバリンとは

　志段味地区は、かつて「名古屋のチベット」といわれた陸の孤島だったが、今ではゆとりーとラインの本数も増え、公共交通は便利になった。こ

◉所在地＝守山区青葉台101
◉交通＝ゆとりーとライン「龍泉寺」

チャンバリン外観

チャンバリン本尊（釈迦牟尼仏）

の地にチベット密教寺院ができたことは、冗談ではなく、これも何かの縁だろうか？

森下永敏住職（女性）とボミ高僧（チベット密教最大宗派ゲルク派の寺院、ジョカン寺の最高責任者）の出会いからチャンバリンは生まれた。

ボミ高僧の弟子となった住職は、チベットの高地で高山病とたたかいながら修行をつみ、ボミ高僧から受戒（外国人女性では初）をうけ、日本にもチベット密教寺院を建ててほしいとこわれ、２００５年（平成17）、「愛・地球博」が開催された年に、この地に建てられたのが、このチャンバリン。

チャンバリンの建物は、中国チベット自治区の首府ラサにあるチベット密教寺院、ジョカン寺（中国名は大昭寺）を模したもので、本尊の釈迦牟尼仏もジョカン寺の本尊を模している。

ジョカン寺は、チベットを統一した吐蕃《とばん》（7世紀はじめから9世紀にかけてチベットにあった王国）のソンツェン・ガンポ王に、唐から嫁いできた文成公主によって、7世紀に建立された由緒あるお寺。世界遺産に登録。

チャンバリンには、大宇宙マンダラ、ダンカ（チベット密教独特の仏画）、マニ車（日本語では転経器。円筒形で、回すだけで読経をした功徳がある）などがあり、チベットに行かなくてもここでみられる。

大宇宙マンダラの直下は、チャンバリンのパワースポット。また、太いローソクのしずくで心境を占うローソク占い、チベット料理を提供するカフェ「パルコレ」などがあり、若い女性の参拝者も増えている。時には、中部空港に来た東南アジアのクルーも、本国のお寺に似たキンキラのチャンバリンにお参りに来るという。

倶利伽羅不動寺

チャンバリンの隣に倶利伽《くりか》羅《ら》不動寺がある。倶利伽羅とは黒い龍のことで、1985年（昭和60）に発足した。

倶利伽羅不動寺は、天台宗系の本山修験宗別格寺。本尊は不動明王。住職の森下永敏さん（チャンバリン住職を兼任）は、比叡山、大峰山、大雪山、チベットなどで荒行を積んだ。

修験道は、奈良時代から平安時代にかけてさかんになった神仏習合から生まれた日本独特の仏教。一般庶民向けに加持祈祷をおこなった。天台宗系の本山派修験道（現・本山修験宗）の本寺は聖護院。真言宗系の当山派修験道（現・真言宗醍醐派）の本寺は醍醐寺三宝院。

倶利伽羅不動寺は、修験道の寺であって、いわゆる葬式仏教とは無縁の祈祷寺。したがって、檀家はいない。

修験道の寺は、大都市にはめずらしく、倶利伽羅不動寺の境内に、神社（鎮守八幡宮）とチベット密教の寺があるというのは、一見、これは何だ、と感じる人がいるかもしれない。しかし、近世以前の寺は、ほとんどが神仏習合しており、かつて伊勢神宮や熱田神宮にも神宮寺という寺があったことを知らない現代人には、むしろ神仏習合した昔の寺の有り様を教えてくれる貴重な存在かも。（冨永）

【東区・熱田区・千種区】

迫力満点！ 涅槃像を探訪する

涅槃《ねはん》には、「吹き消すこと」とか「消滅」という意味があり、煩悩を断じて絶対的な静寂に達した状態の意味から仏教でいう理想の境地という。

この釈尊の入滅の姿を彫刻にしたのが涅槃像である。

だが、名古屋市内で涅槃像にお目にかかったことがない。ないのかと思って調べてみると案外あちこちにあることがわかった。

ブロンズ製涅槃像の徳源寺

徳源寺は、基幹バス「徳川園新出来」の停留所から西の方を見るといかにもお寺の塀とおぼしきものが見えるので迷うことはない。

入口は、バス通り側の北と枝道を入った東にある。東の道、厳密にいえばもう一本東の道は、車道から北に延びた道でかつては大いににぎわった道だった。そんな関係から東の門は徳源寺の正門である。

正門からひとけのない境内へ入る。涅槃像のあるのはすぐ左手にある建物である。ぐるりと回り込むと正面に「仏殿」と書かれた額があり、扉が大きく開いている。最初は薄暗くて中の様子がわかりにくい。だが、中を覗くと間近に大きな涅槃像が横たわっていて、その迫力満点な姿には驚かされる。

像は頭を北に、顔を西に向

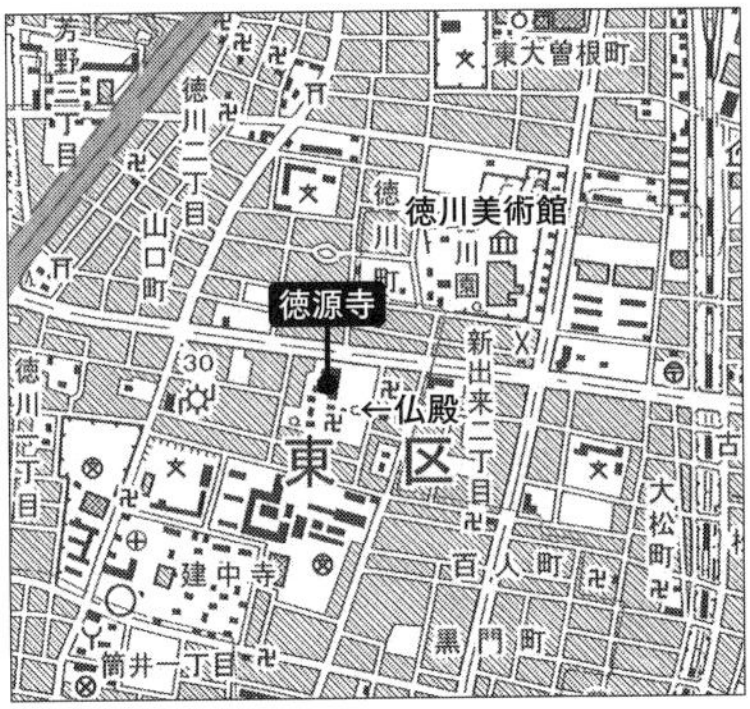

◉所在地＝・徳源寺：東区新出来 1
・大乗教総本山：熱田区外土居町 4-7
・日泰寺：千種区法王町 1 -1
◉交通＝・徳源寺：市バス「徳川美術館南」
・大乗教本山：市バス「沢上」または地下鉄「金山」
・日泰寺：地下鉄「覚王山」

徳源寺の涅槃像

けている。ブロンズ製のため黒光りしている。右手を枕と頬の間に挟み、左手を真っ直ぐ腰へ延ばしている。両足はキチンと重ねられている。身長は1丈6尺というから約5・3m。

基壇正面には二人の僧が左右から手を差し延べている。背後の高い棚にはおびただしい数の五百羅漢の木像が並んでいる。残念ながら、入口に柵があるので近寄ることができず、足の裏も見られない。

像は、道一和尚が発願し浄財を募って完成させた。道一和尚は「梅干し和尚」ともいわれた。これは募材を集めるたびに戦争や風水害に遭い、その都度、募材のすべてを投げうち梅干しを購入して献納したことによるもので、三度目の募材でようやく涅槃像の完成を見たという。

木造で日本一の大乗教総本山

大乗教総本山は、沢上橋から南の線路沿いに、大きなゾ

徳源寺の仏殿

大乗教総本山の涅槃像

ウの形をした建物の見える寺院として知られている。

１９１４年（大正３）、名古屋に大乗教の基礎となる仏教感化救済会を設立。１９９５年（平成７）、「涅槃堂」を建立し、涅槃像を安置した。もともと約３００年前にインドでつくられ、友好親善の目的でビルマ王国から大正天皇に贈られた仏像である。長らく陸奥国分寺（仙台）に安置されていたが、同寺から寄贈を受けた。

大乗教総本山の涅槃堂

涅槃堂は、本堂と道路を挟んだ西にある。明るく開放的な空間に涅槃像が横たわっていて、間近にまで近寄れる。

像は、頭を西に、顔は南に向いている。天上からは簾《すだれ》状の飾りが下がっており、胸から腰へ金襴《きんらん》の布が掛けられているのが目を引く。枕と頬の間に差し入れた右手は、どの涅槃像でも同じだが、肩の空間が大きいためにお疲れになるのではないかと心配になる。左手は真っ直ぐ伸ばされている。近寄ると足の裏の文様もよくわかる。室内の片隅に置かれた解説書によれば、身長５・６ｍ、足裏66㎝で、木造涅槃像では国内最大級とある。

特殊な形態の涅槃像の日泰寺

１８９８年、インドのピプラーワーで釈迦の骨が発見され、伝説の釈迦の実在が証明された。

１９００年、日本の使節団はバンコク王宮でチュラロン

日泰寺への参道

日泰寺・奉安塔前の釈迦仰臥像

コン国王からご真骨を拝受した。ご真骨は、一旦、京都の妙法院に安置され、寺院建立計画を協議。意見が分かれたが、名古屋官民一致の誘致運動が功を奏し、1904年、覚王山「日泰寺」が誕生した。

この寺院の特徴は、いずれの宗派にも属さず、運営は19宗派の管長輪番制で3年交代の住職という日本唯一の全仏教寺院として特異である。

ご真骨は「奉安塔」に納められている。そこへは本堂から5分ほど歩いた県道30号線の姫ケ池通1交差点のすぐ脇にある。

奉安塔は、ガンダーラ様式の塔で、土塀に囲まれている。正面の通天門には柵があるので入れないが、門の奥、すぐ近くに2体の像が望める。釈迦の仰臥と、その前で従者と思われる人物がひれ伏している。釈迦は薄物をまとっており、頭を北に顔はやや西に傾け、両手はゆったりと伸ばされている。一般の涅槃像と一風変わっており、同義で呼んでよいのか躊躇される。（栗田）

巨大観音像にひれ伏す

【瑞穂区】

大きな提灯のかかる金龍寺の北側入口

控え目なたたずまいの金龍寺

高野山真言宗瑞穂山金龍《きんりゅう》寺《じ》という厳めしい名前から、大きなお寺を想像する。ところが、うっかりすると通りすぎてしまいそうになる。

　というのは、遠くからお寺らしい屋根が見えるわけでもないからである。この寺院は昭和区の滝子に近い名古屋市立大から南西にある。大学の南と西には明治時代に郡の管理として整備された郡道がある。郡道を走る車に気を配りながら歩いてゆくと、見過ごしてしまいそうになる佇まいなのである。

　正面入口は、お寺の東側を通る細道にあるのだが、北側の「大観音」と書かれた大きな提灯の下げられた門の方が眼に入る。門を入ると数体の地蔵が両側に並んでいる。右奥に納骨堂があり、その左側には小坊主の看板が立って道案内をしてくれる。小坊主の先には民家の玄関のような入口がある。「どうぞお参り下さい」という張り紙があるので、カラカラと扉を開けて中へ入る。まさに民家の玄関を

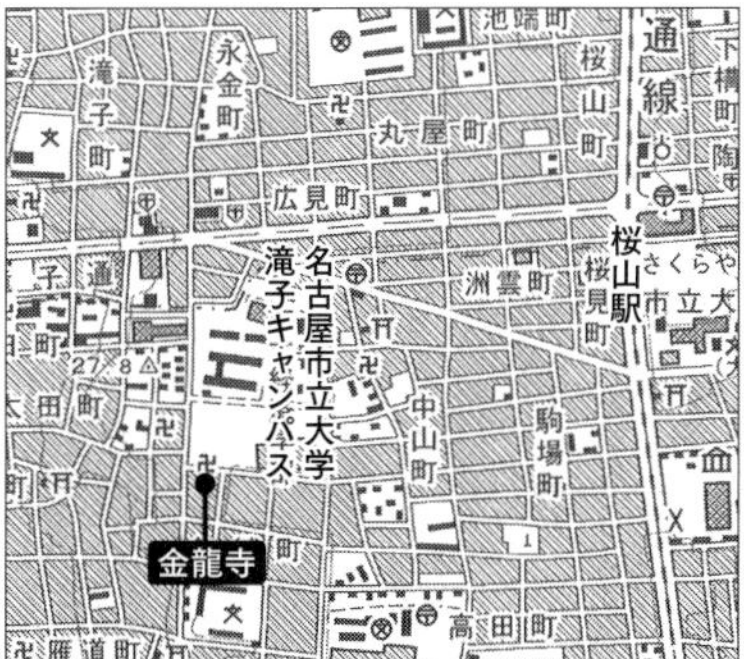

●所在地＝瑞穂区亀城町 5-31
●交通＝市バス「滝子」または、地下鉄「桜山」

名古屋大観音像（本尊・十一面観世音菩薩像）

入る感じである。

仰ぎ見る巨大観音像

中へ一歩足を踏み入れると自動的に室内照明が灯る。最近のお寺はハイテクなのだ。ややや薄暗い中に最初に大広間が目に入る。しばらくして振り向くように右を見ると「あっ」と驚く。黒々とした大きな像が頭の上から覆いかぶさるような間近に立っておられ、思わずひれ伏したくなる。観音像は東を向いて立っておられ、両眼がキラリと光って見えるのは気のせいか。目が慣れると雪洞の薄明りの中にいろいろなものが浮かび上がって見えてくる。

　名古屋大観音像とも呼ばれるご本尊の十一面観世音菩薩像の脇には五色不動明王が立っている。前面には小さな金色の多宝塔があり、供物が置かれている。

　何はともあれ、ご本尊の大きさには圧倒される。建物の中にあるからだろうが、安置するときの移動や設置の苦労がしのばれる。本尊だけの高さが7・6m、光背を入れると9m、まさに名古屋一の大観音といわれるのがうなずかれる。

霊木で造られた観音像

この十一面観世音菩薩は、奈良県の大和長谷寺の分身ということだが、これには興味深い話がある。

金龍寺は1940年（昭和15）に高野山大師教名古屋支部として開基した。初代の和尚・近藤堯常《ぎょうじょう》は、1953年、60歳のときに、大和の長谷寺で21日間の寒修行をした。その結願の日に夢を見たという。ところが不思議にも長谷寺の事務長である松浪玄明大僧正も同じ夢を見たのだ。その夢は、どちらもご本尊の十一面観世音菩薩から「長谷寺にある千古のクスノキで我が分身を造立せよ」というものだった。この奇妙な夢のお告げに従って、長谷寺本堂東脇にあった夫婦楠と呼ばれていた霊木が金龍寺に運びこまれた。彫刻には、中川区尾頭の仏師・小山亀三郎があたり境内で作業した。完成は、1956年10月である。

多くの寺院では、ご本尊は奥の方に安置されているのが普通だが、ここでは間近に仰ぎみることができる。それ以上に、悩みのある人が手を差し伸べれば、観音様の大きな足をさすることだってできる近さである。何かにすがろうとする気持ちのあるとき、観音様が遠くにいるより、近くにいてもらった方がずっと安心感があるというものだ。案内書によれば「心の充実をはかりたい人は、大観音の息のかかる足元で座り続けてください。気迫が満ちてくるはずです」とある。

また、「願いのある人は、大悲十一面尊のご真言『オンマカキャロニキャ ソワカ』を唱えつつ周囲をめぐってください。あなたの花がひらいてくるはずです」とお百度を勧めている。そういえば、お百度が踏めるように大観音の数珠と同じ繰り珠が欄干に設置してある。

また、毎年10月頃、年に一度「不断念誦行道《ふだんねんじゅぎょうどう》」という24時間かけてご真言を唱え大観音の足もとを巡る行がおこなわれる。

大観音の前を通って庭に出ると、右側に、堯常大和尚と書かれた初代和尚の石像が台座の上に立っている。

左へ進めば「金龍密寺」と書かれた扁額の掲げられた本堂の正面に出る。

なお、内陣くぐり・瞑想・お百度を希望する人は、窓口へ申し出れば対応していただけるとのことだった。（粟田）

トイレにもなるマンホール

◉所在地＝名古屋市内全域（帰宅困難者用施設周辺、市立小学校周辺など）

【名古屋市内】

震災時に役立つマンホール

名古屋市内各所にはアメンボと呼ばれている名古屋市上下水道局のイメージマークをデザインしたマンホールが多く見られる。標題の「トイレにもなるマンホール」とは、そのお馴染みのマンホールふたの一部に黄色い文字で「震災用」と書かれているもの。名称は「震災用マンホール」という。ふたを開ければ落下防止用の格子があり、そこに簡易トイレを据えつければ緊急時のトイレに早変わりするという優れものである。これは、ささしまライブ、ノリタケの森、金山駅など避難所とか帰宅困難者用施設の周辺道路に設置されている。

またトイレにはならないが、別の用途で災害時に活躍するマンホールがある。市立小学校の周辺道路や敷地内に設置されている「地下式給水栓」である。これは災害時にここから応急給水を受けることのできるもの。蛇口は小学校に預けられている。これらの設備の整備は、1995年（平成7）の阪神・淡路大震災の経験を教訓としている。2002年4月に名古屋市が地震防災対策強化地域に指定されたのを契機に、災害に対応したマンホール整備が始められた。非常時に備えて一度確認しておくことをお勧めする。

震災用マンホールふた。右は開けた状態（名古屋市下水道局提供）

地下式給水栓（名古屋市下水道局提供）

四角くてもマンホール？

ところで、マンホールは「人孔」ともいう。「マンman

（人）」の「ホール hole（孔）」というから、人が入れる大きさの穴（孔）があるなら丸くなくてもよいと思うが、はたして消火栓のような四角でもマンホールふたと呼んでよいのだろうか。名古屋市上下水道局に訊ねてみた。すると、正式には消火栓用のものは「鉄ふた」で、下水道用のものは「マンホールふた」と区別されて呼ばれていることがわかった。

消火栓鉄ふたの変遷

下水道用マンホールふたの変遷

名称は区別されても、表面にはさまざまなデザインが施されているのは同じである。デザインは用途を識別したり、見た目を楽しませたりするだけでなく、機能面にも配慮されている。冒頭に述べたアメンボのデザインは、1992年（平成4）に、下水道供用開始80周年を記念して公募により決定したもの。このデザインになってから、自動車のスリップに対する効果が飛躍的に改善されたという。普段、気にもしていないマンホールのふたも、時代とともに進化しているのである。

　進化しているのはデザインだけではない。金属が不足して高価だった時代にはコンクリート製のふたがあった。少し時を経ても金属の枠へコンクリートを流し込んだ、今風にいうならハイブリッドなふたも活躍した。さすがに、幹線道路では目にすることはなくなったが、自動車も通らないような細い路地へ入れば、いまだにハイブリッドふたに出合えることがある。

また、さまざまな節目には記念のふたがデザインされている。１９８９年に開催された「世界デザイン博」を記念したマンホールふたには、市内各所の名所がデザインされた。５つの丸の中には左から時計回りに、名港トリトンとポートビルのある名古屋港、次は鳥居が片隅にあるので熱田神宮か宮の渡しだろうか、次は誰が見てもよくわかる名古屋城と名古屋テレビ塔、その次は東山タワーと八事の興正寺五重塔、最後にセンチュリーホールとそこから南へ広がる工場地帯が描かれている。

２０１２年度には、下水道供用開始１００周年を記念し、１００周年のシンボルマークと納屋橋をあしらって名古屋市上下水構想の「みずの架け橋」をイメージしたデザインでマンホールふたを作製し、順次設置している。

さらに、２０１４年に水道給水開始１００周年を迎えて、記念の消火栓ふたがデザインされた。これには１００周年のシンボルマークと水道のシンボルである東山給水塔および鍋屋上野浄水場旧第一ポンプ所があしらわれており、２０１３年に市内各所の歩道上１００個所に設置された。

（粟田）

世界デザイン博覧会記念のふた

下水道供用開始 100 周年記念のふた

水道給水開始 100 周年記念のふた

名古屋の三珍狛犬

【熱田区】

金山神社の拝殿

カラフルな金属製の狛犬一対

金属製の狛犬（金山神社）

神社には、たいてい狛犬がある。名古屋の金山神社にもごたぶんにもれず拝殿の手前に石の狛犬が鎮座している。狛犬愛好家によると珍しいものらしい。だが、ここで紹介したいのは拝殿の中にある金属製の狛犬である。

お参りの後、ガラス扉越しに中を拝見すると、本殿につながる渡殿の手前、一段低くなった場所にもう一対の狛犬が鎮座している。

しかも、それらは金属でできており、さらにカラフルな色がついている。右側は金色、左は銀色である。金属の狛犬はそれほど珍しくもないが、カラフルなのは珍しい。

台の上に乗っているので大きく見えるが狛犬の高さは約45cmで重さは20kgくらいあるだろうか。

宮司の話によれば、中は空

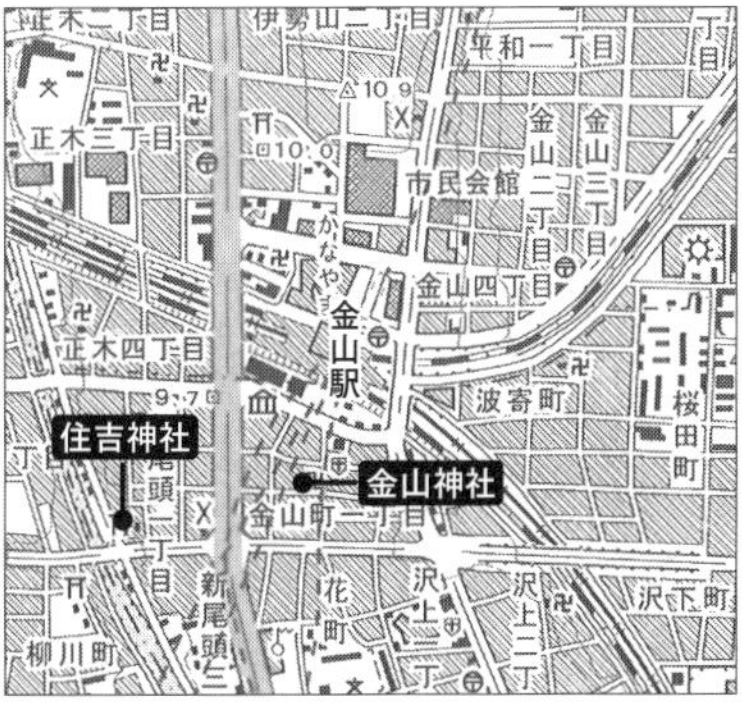

◉所在地＝・金山神社：熱田区金山町 1-16
・住吉神社：熱田区新尾頭 1-9
◉交通＝・金山神社：地下鉄「金山」
・住吉神社：地下鉄「金山」

洞でなく、素材については詳細はわからないが、たぶん、鋳物だろうという。狛犬が置かれた台を調べても、記録らしい文字は見当たらない。

宮司が何度も代わったので詳しいことは伝えられておらず、制作年代もはっきりしないという。ただ、社殿の改造の折に寄進されたようだという。「獅子狛犬一対金銀極彩色」として水野善治・木村弥作の名が見える。だが、残念ながら寄進の日付がない。しかし、「社務所建設寄付者」の中に木村弥作商店の名があるので、たぶん、１９５８年（昭和33）11月だと推察される。記録をたどると意外にも新しい。

金山神社は、地名の元になった神社であるだけにその歴史は古く、８３４年ころに熱田神宮社家だった修理職の鍛冶・尾崎彦四郎の祖が屋敷内に勧請したと伝えられている。『尾張名所図会』には講が組織されたことや、『熱田問答集』に名古屋城築城の時、石工らが勧請したなどと記されている。

ここの社は、古くから鍛冶・鉄鋼の神様として信仰を集め、このあたりの金属関係の大小の企業からの寄進の記録がみられる。かつては境内で鍛冶をおこなっていたという記録もある。「ふいご祭」が大祭として有名で、毎年11月８日に開催される。

最古の狛犬（住吉神社）

住吉神社の狛犬は、名古屋で一番古いといわれている。その理由は、狛犬の台に刻まれた「寛政元年」（１７８９）の文字である。名古屋市内の狛犬の年代をすべて調べた人がいるかどうかはわからないが、多くの神社の狛犬の年代は、これより遥かに新しいから、名古屋最古は本当なのだろう。

狛犬であるが、一見変哲もないように見える。しかし、よく見ると頭の上に角を持っている。それも雌の方がよくわかるのがおもしろい。

住吉神社は、俗に船の神様、水運の神様といわれているが、創立の歴史は古い。１７３４年に摂津国の住吉神を勧請して新尾頭町の東側に堂宇を構えたが、１７６２年に現在の位置に定めたという。大阪廻船名古屋荷主の笹屋惣七、藤倉屋長六ら12名が運漕守護のために奉還したもので、後に、江戸廻船講中・時田金右衛門らも加わり、威霊は遠くの沿岸にまで及んだ。

狛犬（吽《うん》）

角のある狛犬

社地は、堀川東岸に切り立った高台を占め、かつては西南にひらけた眺望はさえぎるものがなかったことから名勝の地といわれていた。

また、境内の人丸・天神両社をあわせて和歌三神としての崇敬がおこり、松坂屋の先祖伊藤祐民《すけたみ》は、社前に有志をつどえ和歌法楽をもよおして、数多くの詠草を献上したという。

一番小さな狛犬（住吉神社）

同じく住吉神社であるが、拝殿でお参りするときに本殿へ上がる階《きざはし》を注意して見てほしい。手摺の親柱に、小さな狛犬が鎮座しているのがわかるだろう。高さは20㎝くらいあるだろうか、屋外にある石つくりの狛犬では名古屋一小さいと思われる。

なお「もっと小さな狛犬を知っている」という人もいるかも知れない。狛犬の起源からいえば「あって当然」ということになる。

もともと狛犬は、宮中や神殿の扉や御簾などを留める「重し」や「錘《おもり》」の役割をしていた。

その様子が神を仰ぎ見るように見えたことから、神を鎮護するものということになり、徐々に大型化し、拝殿の前などに置かれるようになった。木製が多かったが、風雨に耐える石や銅などへと変化した。

（栗田）

住吉神社の本殿

本殿の階にある狛犬

堀川の不思議を探る

岩井橋

岩井橋は、大須通が堀川を横断するところにある。大須通は、名古屋市が1919年（大正8）から開始した五大幹線道路開設の第1号として建設に着手されたもの。第二次世界大戦で多くの橋が失われたが岩井橋は残った。このため、橋側面の飾り板は、大戦前に架けられた日本の橋のなかで、現存する唯一という貴重なもの。

立派な石段のある岩井橋

係留抗

◉所在地＝・岩井橋：中村区名駅３～中区大須１
・納屋橋：中村区名駅５～中区錦１
・五条橋：西区那古野１～中区丸の内１
・景雲橋：西区幅下２～中区三の丸１
・北清水橋：北区田端２～北区黒川本通
◉交通＝・岩井橋：地下鉄「大須観音」
・納屋橋：地下鉄「伏見」
・五条橋：地下鉄「丸の内」
・景雲橋：地下鉄「丸の内」
・北清水橋：地下鉄「黒川」

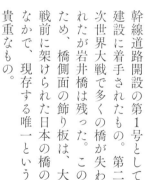

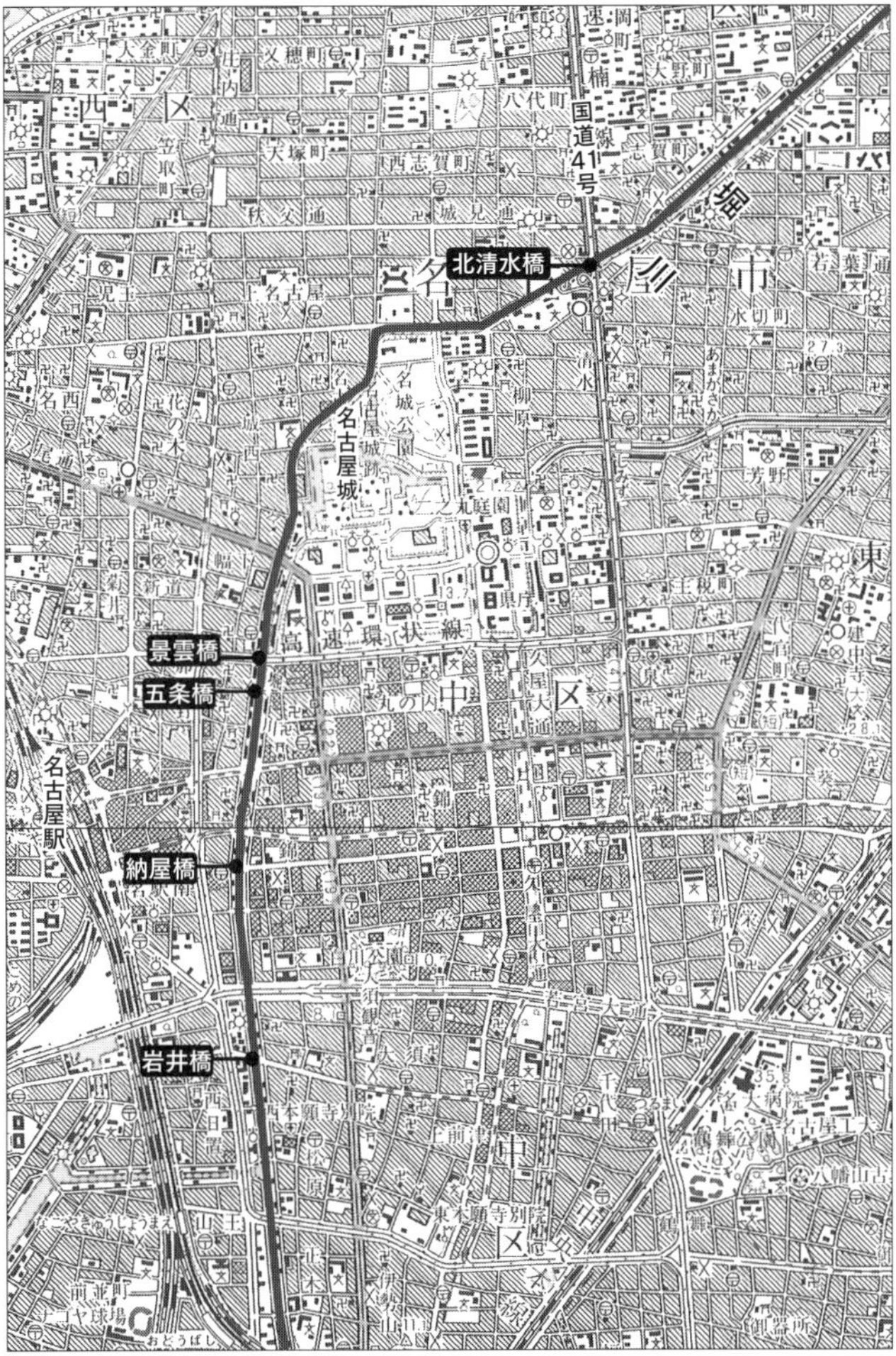

堀川位置図

この橋の四隅には、川面にまで下りて行ける自然石を並べた美しい階段がある。だが残念なことに、土木事務所が設置した柵があるため、降りられない。階段がやや急なため、子どもたちが川へ転落する事故を未然に防ぐためのものなのだと理解するが、もう少し見栄えのする柵にしてほしい。しかし、全貌を観察する分には一向に支障にならない。

階段の一番下に不思議な石の柱が建っている。直径が約30㎝、高さが50㎝くらい、頭が少し大きいこけし人形が立っているようにも見える。

なぜ、岩井橋に階段がついているのか。そして、あの石のこけし人形は何のために立てられているのだろうか。

かつて堀川は船運の大動脈だった。織田信長の時代、納屋橋あたりは塩干物や乾物問屋など多くの商家が並んで船を利用していた。道路から店に入り階段を下がると、そこはもう堀川である。そこへ着けられた船から荷物を運びこんで、一部は倉庫へ、一部は店先へ並べた。

だが、堀川の岸に面して立地していない企業が荷役《にやく》をおこなうには直接船が着かないのだから共同河岸を利用する

五条橋と碑（左端）

しかなかった。岩井橋はその共同河岸の一つだった。こけし人形と見えたものは船を岸につなぐための係留杭である。南東角の係留杭の1本はなくなっていた。

　このような時代を彷彿とさせる橋と共同河岸は、2007年（平成19）に土木学会から土木遺産として認められた。

文字が読み取れない
「物揚場」の碑

納屋橋・五条橋・景雲橋

　納屋橋下流には清須から蔵三棟（三蔵《みつくら》）が移され、尾張藩の年貢米が貯蔵されていた。前項で述べた「かつて堀川は船運の大動脈だった」というひとつの例だが、これが昭和の時代にも続いていたというのだから驚く。納屋橋からは日本陶器（現・株式会社ノリタケカンパニーリミテッド）の陶磁器が艀《はしけ》に積み込まれ、名古屋港や四日市港を経て海外へ輸出されていた。近代的な船運がこんな上流の、こんな細い川幅でおこなわれていたことはにわかには信じがたい。

　しかし、こんな疑問を払拭するものがある。納屋橋よりもっと上流にある五条橋の左岸下流側、親柱のすぐ脇に一本のコンクリート製の柱が立っている。頭部に鉄筋が顔を出していてみすぼらしい。1975年（昭和50）ころにはわずかながら「公共物揚場」と読めたもの。今ではまったく判別できなくなっている。すでに物揚げ場はなくなっているが、対岸には四間《しけ》道《みち》で有名な川伊藤家の蔵が連なっていて堀川から荷役していたことがわかる。

　思い返せば、かつて瀬戸電と呼ばれた名鉄瀬戸線によって、瀬戸市からいわゆる瀬戸物（陶磁器）を終点の堀川駅まで運んで、そこから船に積み込んでいた。堀川駅は名古屋城の南外堀の一番西端にあった駅。五条橋のもう一つ上流の景雲橋のところである。

北清水橋

実は、もっと上流にも物揚げ場があった。北清水橋の左岸すぐ上流である。今も橋のたもとから水辺まで降りられる。「北清水親水ひろば」の銘板があるデッキは現代的に整備されているが、かつては物揚げ場だった。

「北清水親水ひろば」への階段

復元された物揚げ場と灯台

ちょうど清掃に来ていた地元の人に聞けば、「船は犬山や熱田方面から7日ほどかけてやってきた」という。「物揚げ場だった証はデッキに復元された灯台だ」ともいう。

犬山からというと、不思議な話にも聞こえるが、初代尾張藩主、徳川義直が計画した木津《こっつ》用水がある。もともとは灌漑用水だったが、明治初頭に愛知県の土木課長黒川治愿《はるよし》が改良して犬山の頭首工から名古屋港までの舟運を計画している。この計画の背景には、犬山を出た木津用水から分岐した新木津用水が、八田川へ入り、さらに庄内川と矢田川を越えて黒川まで達する水路があったからである。大きな船こそ無理にしても、明治から大正時代の櫓で漕ぐ伝馬船程度なら入ってこられたのだろう。

周辺は気持ちのいい空間に整備されており、そのデッキの真ん中から水が湧き上がっている。「清水わくわく水」と名づけられた自噴泉である。かつて名古屋市内には多くの清水が湧いていたが、今ではほとんど枯れてしまっている。だが、ここは今も健在である。

（粟田）

掘ったら出てきた奉安殿

【緑区】

奉安殿

奉安殿《ほうあんでん》は、戦前、御真影《ごしんえい》と教育勅語を納めるための小さく頑丈な建物のことで、全国の小中学校に設けられていた。

御真影とは、天皇・皇后両陛下の写真のことである。

奉安殿がつくられたのは明治末から大正の初め頃、すなわち1910年代に御真影の下賜《かし》が始まった頃とされている。

学校の重要な式典には、教師・生徒全員で奉安殿から出された御真影に最敬礼し、教育勅語の奉読がおこなわれた。普段でも奉安殿の前は脱帽し、一礼して通ることが習わしだった。

当初、御真影は校長室や校舎内に奉安所とか奉安庫を設けて安置されていた。しかし、空襲によって校舎が被災すれば御真影も危険に遭う恐れがあるとして、堅固で独立した建物に変わっていった。

校舎から分離された奉安殿は、見た目にも土蔵や金庫を思わせる耐震耐火構造とされた。それらの多くは、レンガづくりの洋風建築とかギリシャ建築風の鉄筋コンクリート造あるいは神社建築風などとさまざまな意匠を凝らしていた。

1945年（昭和20）に終戦を迎え、その年の12月に連

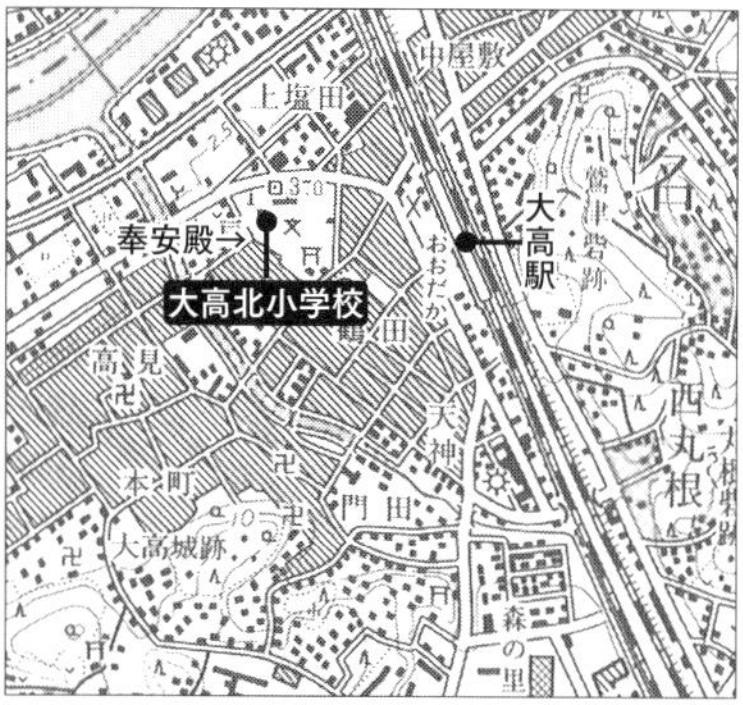

●所在地＝緑区大高町　大高北小学校南
●交通＝JR「大高」

奉安殿正面

大高北消防団（右奥は大高北小学校）

合国軍総司令部から出された神道指令により多くの奉安殿は解体された。神道指令とは、戦時中におこなわれていた国家神道の禁止と政教分離を日本政府に命じた指令のことである。現人神《あらひとがみ》として神格化されていた天皇を国家の象徴とする新たな日本国憲法に整合させるものだった。

　ところが、一部に外観を活かして神社に転用されたり、堅牢な構造が解体するには困難だったことから丸ごと地中に埋設されたりしたものもあった。

緑区の奉安殿

緑区の大高北小学校の南にある奉安殿は、名古屋市大高北消防団の建物をつくる工事のために同小学校の校庭の片隅を掘っていた時に見つかったもの。現在は、きれいに手入れされて消防団の建物と八幡神社の間に安置されており、学区の資料保管庫として使用されている。

　後日談がある。正面の菊の御紋は掘り出された時にはなかった。ところがその後、別の消防団詰所に保管されているものが見つかったものだという。誰かが建物とともに土中に埋めてしまうには忍びなく思い、秘かに隠していたことが想像される。（粟田）

火葬場直行電車

【天白区】

馬車鉄道がはじまりだった

　八事には名古屋城下や近郷の人々の信仰を集めた興正寺や江戸時代から行楽地として有名な音聞山《おときききやま》がある。その人出を見込んで1907年（明治40）8月に千種中道（現・吹上ホール付近）から八事興正寺前までの約3・5㎞を結ぶ単線の愛知馬車鉄道が開通した。この鉄道の様子を伝えるこんな歌があったという。「片道乗るのが7銭で、往復乗ると15銭、ところどころで地駄起こす、乗ったお客のいしょには、出したお金は皆返せ」。地駄とは、馬が動かなくなったり暴れたりすることで、怒ったお客が返金を迫ったとのことである。こんなことがあり、車両も10人ほどしか乗れない小さなものだったせいか、間もなく愛知馬車鉄道は姿を消した。その路線を引き継ぎ尾張電気鉄道株式会社が、千早と興正寺前を繋ぐ鉄道を敷設した。

　この鉄道は、1912年4月に開業し、通称「八事電車」と呼ばれ親しまれた。開業直後の同年5月には大久手から今池への分岐線も開通し、さらに同年9月には八事まで延長された。当時、「八事へ電車がゆくわいな1区1銭2区2銭往復切符は13銭…」という今でいうコマーシャルソ

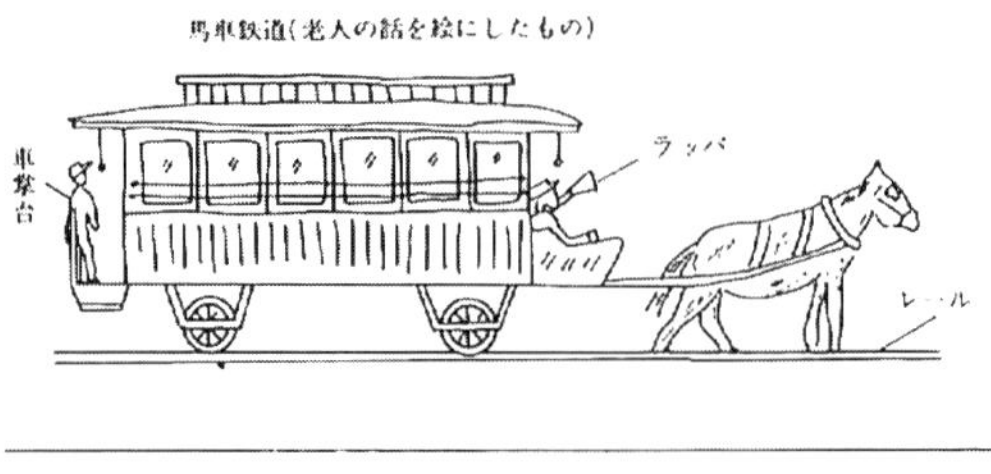

馬車鉄道のスケッチ　早川高徳氏による

◉所在地＝天白区天白町大字八事字裏山
◉交通＝市バス「山手通五丁目」または地下鉄「八事」

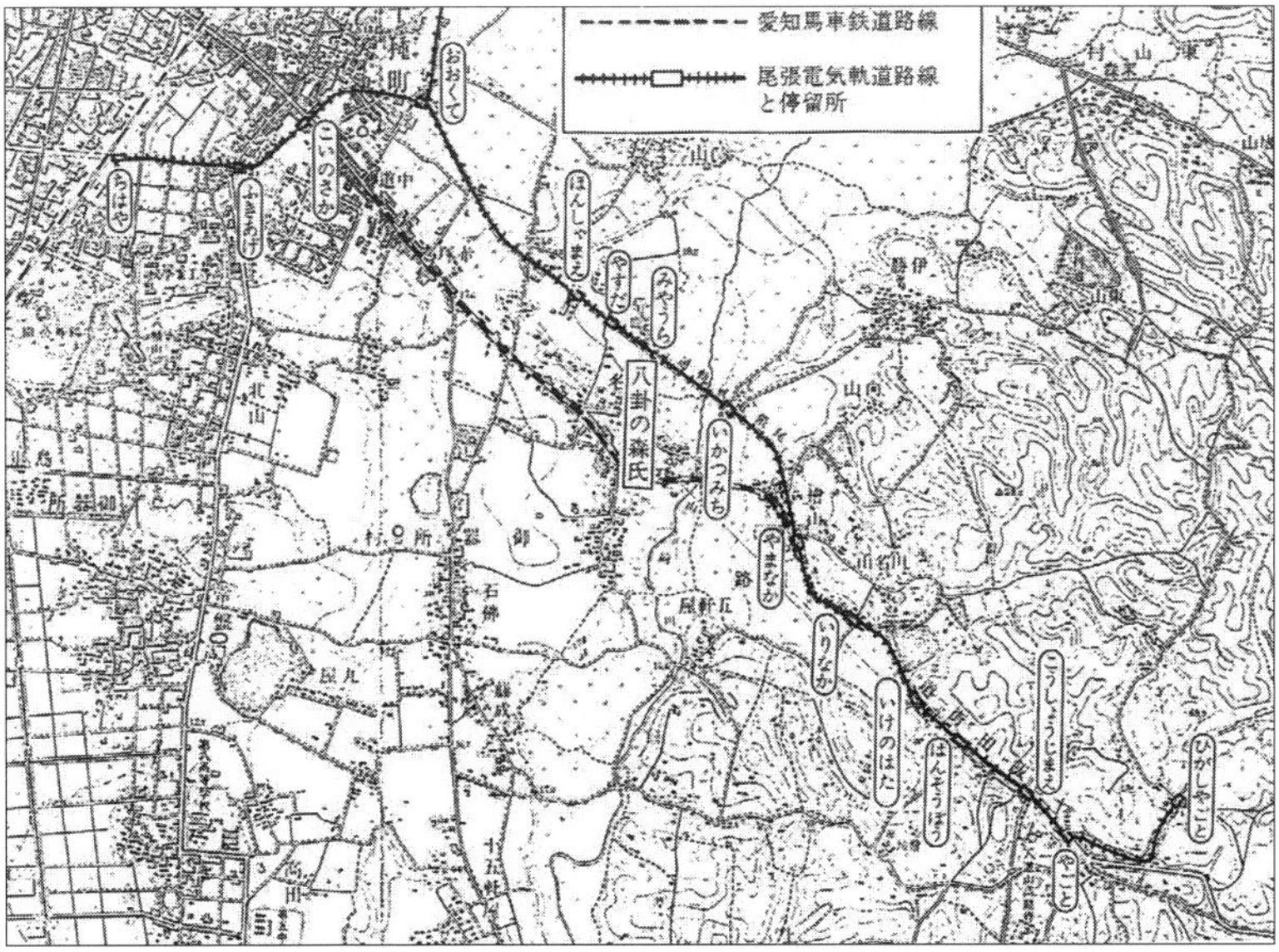

馬車鉄道と八事電車路線図（出典：『昭和区誌』）

ングをつくって宣伝に努めたという。春や秋の行楽シーズンには多くの行楽客を乗せて走り、行楽帰りの客が窓からかざす八事の蝶々や山躑躅《やまつつじ》がきれいだったという。時には風で飛ばされた八事の蝶々が本物の蝶のように舞うこともあったとか。

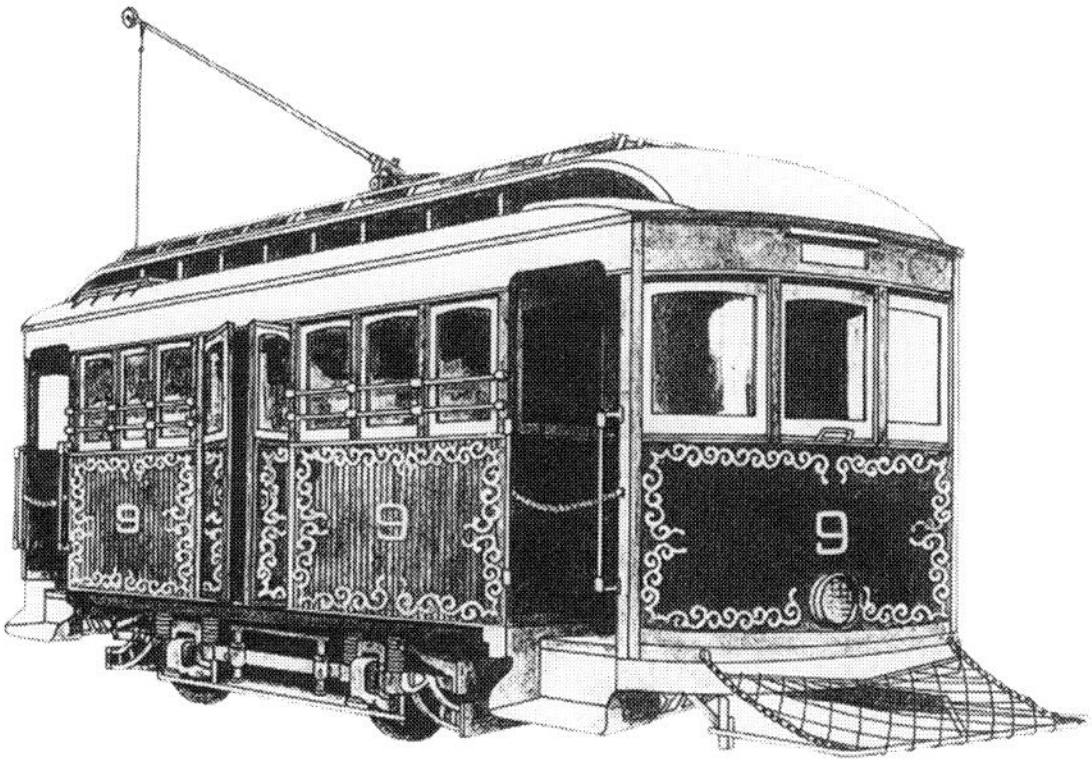

霊柩電車復元図（一柳葬具総本店提供）

日本で唯一の「霊柩電車」

八事霊園の葬祭場が開業した1915年（大正4）には八事から霊園入口まで延伸された。これをきっかけとして1921年頃、人身事故を頻発していた9号車を、柩を乗せて運ぶ「霊柩《れいきゅう》電車」に改造して、1935年（昭和10）頃まで走らせていた。厳しい経営状況の中で、収入増を図って考えられた窮余の策とも伝えられている。日本で唯一の例といわれる霊柩電車の写真が残っていないため、後日この電車を運転していた人に話を聞いて復元図が作成された。柩を出し入れするため車体の中央両側に開き扉が設けられているが、引き戸だったという説もある。この鉄道は、1928年に新三河鉄道に経営権が譲渡され、さらに1937年3月、名古屋市に買収されて市営となった。

　八事交差点から北へ坂道を10分あまり登ると右手に八事霊園が広がる。この霊園は1914年から供用が開始され、翌年には葬祭場が開業し、この地で火葬と葬儀がおこなわれるようになった。現在、およそ5万基の墓標が立ち、お彼岸やお盆には多くの参拝者が訪れている。

動物慰霊碑

　山手通りを東に折れて斎場管理事務所に向かう道の右手に、「動物慰霊碑（畜魂碑）」と「万霊供養塔」の標示が立てられている。

　八事霊園の火葬場では開業時から動物の火葬もおこなわれていた。当時は、斃死《へいし》した家畜「斃獣」を火葬することを主な目的としており、その火葬費は、動物の大きさにより定められていた。例えば牛、馬は12円、犬は1円、猫、幼犬は50銭というように。因みに人は、寝棺と座棺の2種類に大別され、寝棺では12歳以上8円、12歳未満6円、死・流産児2円と定められ、坐棺の方が1～3円高額だった。

　ここで火葬された家畜類の魂を慰めるために建てられたのが「畜魂碑」で、火葬骨の一部が納められている。碑の表には「畜魂碑　名古屋市長大岩勇夫謹書」裏面に「昭和五年六月有志寄附建之　長塀甼　水野石材部」と刻まれている。この碑を建立するため寄付した人々についての記録は残っていないが、おそらく家畜に関わる仕事に携わっていた人たちであろう。名古屋では、牛や馬などの家畜を飼育し使用することは減り、火葬動物は犬や猫などの愛玩動物が主となっている。このことを反映して1957年（昭和32）には、犬の火葬料が大型犬、中型犬、小型犬と細分化された。

　現在は、ここで火葬されたペットの慰霊のためお盆やお彼岸には多くの人が供物を携えてこの碑を訪れる。

　各地で「畜魂碑」が建てられているが、その多くは、屠殺場や動物を教育や実験のために利用する大学・高校、あるいは口蹄疫などの伝染病の蔓延を防ぐために家畜が処分された地であり、八事霊園のような例は珍しい。（水谷）

万年筆インクの「名古屋シリーズ」

【東区】

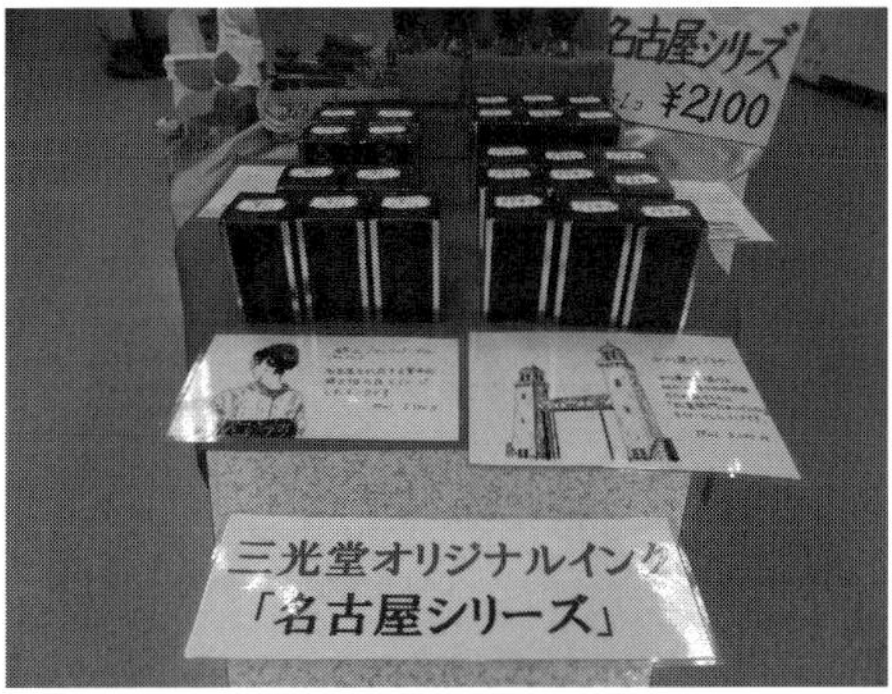

万年筆インクの「名古屋シリーズ」

16種のオリジナルインク

「多くの電車や車が行き交う『交通の要所』大曽根は、昔から名古屋の北の玄関とも言われ、ナゴヤドームを中心に発展中の町です」。

この文章は、万年筆用インクの「名古屋シリーズ」のひとつ、「大曽根ブルー」の説明書に記されている。「名古屋シリーズ」とは、名古屋の主だった名所にちなんだオリジナル万年筆用インクのことである。名所16カ所の場所とインクの色は、以下のとおり。

・熱田の森グリーン
・名古屋港ブルー
・徳川園牡丹
・名古屋城セピア
・四間道ブラック
・鶴舞ブルー
・桶狭間グリーン
・白壁グレー
・東山グリーン
・大曽根ブルー
・大須レッド
・錦三ブラックパープル
・中川運河ブラウン
・覚王山レッドブラウン
・山崎川桜

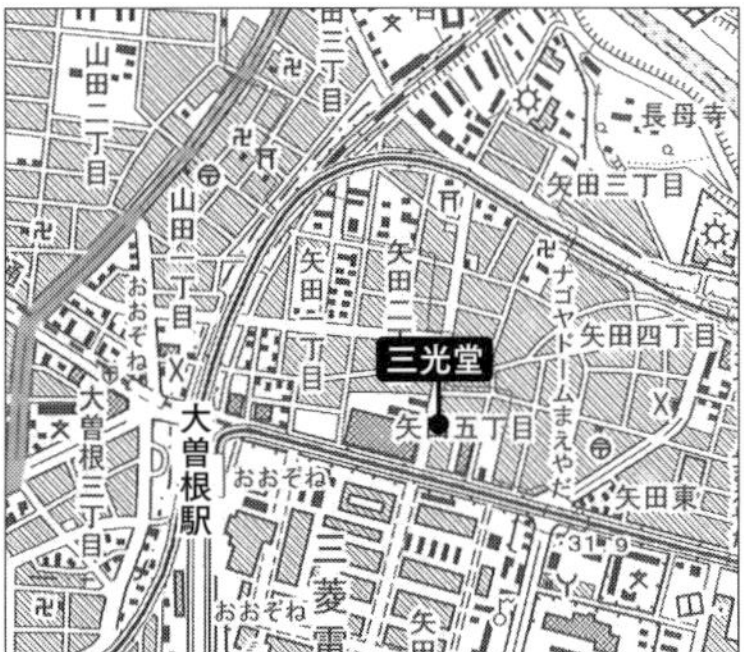

◉所在地＝東区矢田５-1-1
◉交通＝ JR・地下鉄・名鉄の各「大曽根駅」

・名駅ブルーグレー

これらを発案したのは、大曽根からほど近い文房具店・三光堂で、それぞれに添えられた説明文と絵は店主の永井るい子さんの筆だという。

名古屋の名所として最初に思いついたのが「熱田の森グリーン」だったという。次いで「名古屋港ブルー」…と次々に新作を加えてゆき、現在（2015年7月）は16種類のシリーズにまでなっている。

「熱田の森グリーン」と「桶狭間グリーン」、また「名古屋港ブルー」と「大曽根ブルー」と同じ色が並んでいる。同じ色の名前でも、実際に書いてみると微妙に違っているのがおもしろい。「熱田の森グリーン」の緑はこんもりとした森の色を連想させる深緑だが、一方の「桶狭間グリーン」は合戦の舞台に広がる草原の草の色を連想させるやや明るい緑である、といった具合だ。

かつて鶴舞にあった三光堂

三光堂という店

3代目の永井誠さん（代表取締役）によれば、三光堂は、もともとあった三光堂本店から1928年（昭和3）に暖簾分けしてもらい、分店として鶴舞公園前に店を出したことが始まり。ところが戦災を受けたために、1945年に、現在の地である大曽根に移ってきた。

店内には、1930年当時の店舗を写した大きな白黒写真が飾ってあった。巨大な万年筆が煙突のように立つ、奇抜で、今見ても斬新なデザインの看板だ。

店内には、内外の万年筆が所せましと並んでいる。多様な趣味に合わせてさまざまな色やデザインのものがある。一時期忘れ去られたような万年筆だが、最近また息を吹き返し、ちょっとしたブームになっているという。

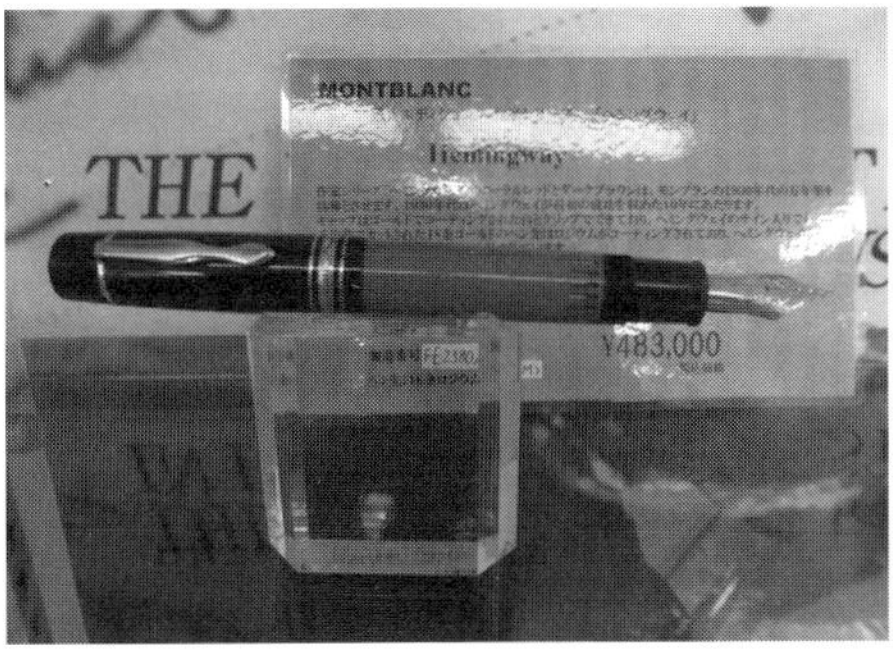

店内最高額の万年筆

それらを見せていただいて気がついたことがある。ペン先のデザインである。かつて万年筆の先端はペン先丸見えが定番だった。ところが19 60年代、アメリカのパーカーがまるでロケットをイメージさせるようなペン先の見えない万年筆を発表した。それ以来、内外のほとんどのメーカーが同様のデザインを採用し、それが当たり前になってしまった。ところが今回、三光堂で見せてもらった万年筆は、1本を除いてすべてが昔のように金色のペン先が露出するデザインなのである。機能上からなのか、単なるデザイン回帰なのか、不思議である。

店内をぐるりと見渡すと、懐かしい形のインク瓶や、ペンだけでなく万年筆愛好者なら誰でもほしくなるような革製のペンケースをはじめとするさまざまな関連グッズも並んでいる。

店の奥、半分ほどには一般的な文具も並んでおり、万年筆に用がない人でも、気楽に入ることができる。(栗田)

現在の店構え

能楽を奏でる名古屋の百年住宅

【中村区】

明治元年に移築された
筧家の主屋

中村区の米野には筧《かけひ》さんが多いという。もともとは大阪にいた筧家は大閤秀吉をたいそう慕い、秀吉亡き後、秀吉の生地である中村区へ移り住んだという謂《いわ》れがある。筧家住宅は名古屋駅の西南、近鉄米野駅のすぐ近くにある。門を潜ると右手（東側）に隠居所とその奥には小屋があり、左手奥には南面の広い庭を構えた主屋《おもや》がある。木造平屋建の主屋は、1868年（明治元）に移築され、小屋は1891年、隠居所は1897年に建てられたと伝えきく。主屋は近所の農家から譲り受け、烏森《かすもり》の人夫「いそひち」さんにより曳家《ひきや》されて今の位置へと移築された。もともと茅葺の屋根だったが、先代当主の筧鉱一氏（故人）が銅板を被せ、今ではお寺の屋根のように落ち着いた色合いとなっている。主屋は江戸中期の鳥居建ての形式であるが、一部柱を省略した崩しの形式となっており、従って江戸後期のものと推測される。部屋の中は日本家屋独特の暗がりがあり、主屋和室の簀子《すのこ》天井《てんじょう》の竹組は黒く煤けている

◉所在地＝中村区下米野町 3-29
◉交通＝近鉄「米野駅」

炭で煤けた竹組の簀子天井

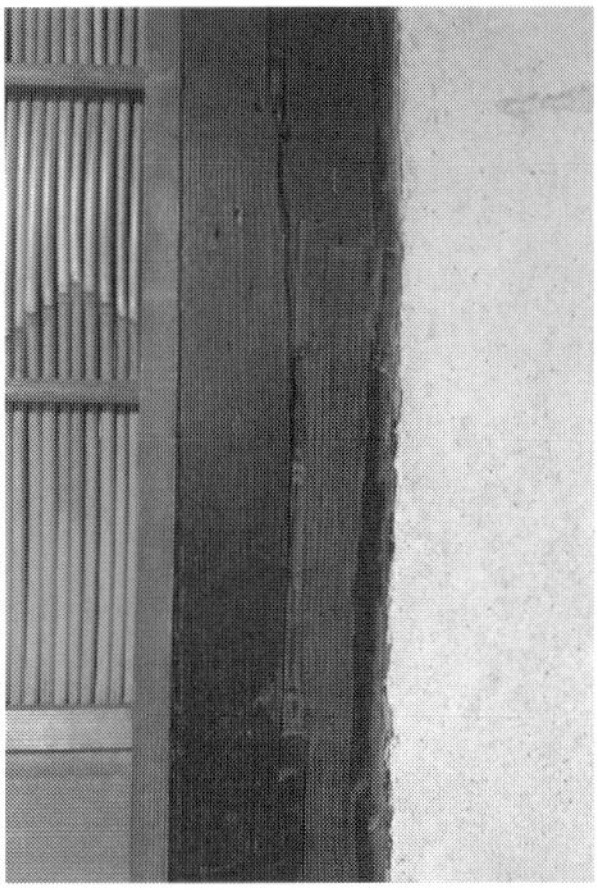
リサイクルが確認できる接いだ柱

濃尾地震でできた地割れ（筧氏提供）

が、これは昔、囲炉裏がこの部屋にあったためで、炭で煤けた竹は貴重な材として茶杓《ちゃしゃく》や能楽で使う能管《のうかん》（横笛）に使われることから、古びた農家が壊される際には能楽の笛方や茶道家が材を取りによく現れたという。柱を見ると接いであったり、臍《ほぞ》の穴跡が残っていたりと、もともと廃材をリサイクルした家だった。この主家のように日本の一般的な建築は材を大切に使い続ける「もったいない」の精神で構築されており、リサイクルが当たり前の文化だったことを証している。

濃尾地震の痕跡

小屋は1891年（明治24）9月に竣工し、その1カ月後の濃尾地震により被災した。小屋にある和室の畳をあげると、床下には濃尾地震でできた地割れの痕跡が生々しく残っている。確かに濃尾地震の影響からか主屋の柱もやや傾いており、これを支えるための添え柱が四角形のボルトで固定されている。明治の頃のまちの鍛冶屋が鍛えたお手製のボルトの頭は四角をしており、この補修の跡が明治時代におこなわれたことを示している。

住宅街の能楽稽古場

先代の筧鉱一氏は1953年（昭和28）に能楽の大倉流大鼓方に入門し、永田虎之

明治時代の鍛冶屋が鍛えた四角いボルト

能楽の稽古場にある竹絵の建具

能楽の稽古場にある建具の
豪華な細工を施した引手

助・山本敬一郎および葛野流大鼓方の亀井俊雄に師事し、1978年には重要無形文化財「能楽」保持者に認定され、能楽師として小中学校での能楽体験活動を実施したり、この自宅を用いて子ども向けの能楽教室を運営したりするなどして一般の方々に対する能楽の普及にも努めてきた。そんな能楽師だった祖父の意志を継ぎ、今ではその孫二人が

この家で能の稽古に励んでいる。

　蒲郡プリンスホテルの敷地内にあった常盤館《ときわかん》という迎賓館の大広間に、引手に豪華な細工が施されて日本画家の森村宜稲《よしね》により松と竹が描かれた建具があり、これが1980年の常盤館廃業とともに売りに出て、先代の鉱一氏が買い取った。その後、松の絵は蒲郡市に買い戻されたが、竹の絵は残り、この建具を前にして月に2回、大倉三忠氏による大小鼓《つづみ》のお囃子《はやし》、前野郁子氏の仕舞《しまい》のお稽古が「こども能楽教室」として開かれている。大小の鼓はもちろん本物だ。お稽古は「まずはきちんと座ってご挨拶」から始められる。能楽は日本で最初のユネスコ無形登録文化財であり、一般の子どもにも「呼吸をするように日本の文化に触れる場所」をつくりたいと、先代の意志を汲んで今なお維持されているのだ。凛としてのびやかな子どものお囃子の

筧清澄氏が手がける
折り紙建築の作品

調べが、狭い路地が走る住宅街の一角に流れる佇まいは、江戸時代の所作が至る所に散りばめられ、日本人としてのルーツを実感できる隠れたスポットとなっている。

所有者たちも奮闘中

現当主であり、鉱一氏の息子である筧清澄氏は一級建築士となり、「なごや歴まちびと」や愛知県国登録有形文化財建造物所有者の会（通称、愛知登文会）の理事として活躍している。愛知登文会は愛知県に残存する古き良き建物をなんとか遺して護っていこうと、所有者自らがおこした団体であり、それぞれの建物を活用してさまざまな催しを展開できるようにと、研修会や見学会をおこなっている。

世阿弥の言葉「初心不而忘」の書（筧氏提供）

例えば愛知登文会が実施する子ども文化財体験事業の一環として、筧清澄氏による筧家住宅の建物解説と見学会や、文化財となった建物を模した折り紙建築の体験会、能楽師による能楽体験などを実施している。所有者もなんとかまちの風景に溶け込み、人々に愛された建物と文化を後世に遺そうと、一生懸命に頑張っているのである。世阿弥の言葉「初心不而忘」の書が主屋に掛けられているが、なるほどどこの筧家住宅にふさわしい。

プライベートな個人宅ではあるが、筧家住宅は月2回の「こども能楽教室」にあわせ、一般の方々にも公開している。

（山田）

【column】

市・坊・里・町・巷・街…

さて、これをどう読みますか？

わたしたちが普段、何気なく使っている「まち」あるいは「まちづくり」という言葉。実はいろいろな意味がある。

白川静の『字通』（平凡社）は、漢字の語源を読み解く名著である。この『字通』を調べると、「まち」の意味が実に多岐にわたっている。

漢字のルーツは、古代中国の甲骨文字で、周のひとつ前の時代、商（日本では殷というが、中国では商という）の時代、亀の甲羅や牛や鹿の骨に刻まれ、占いに使われた。商の時代は、祭政一致の時代で、まつりごとで何か重要な意思決定する場合、占いがよくおこなわれた。

「まち」と読む漢字はいろいろとある。その中のひとつに「市」がある。市とは、市をたてる場所を示す標識のことである。中国の古代では、まちは城壁に囲まれているのがふつうで、城外の近郊の広場などを利用して、農業以外の目的で利用され、後に、人々が集まるところを市と呼んだ。

「坊」もまちと読む。坊は条里によって方形に区画された土地で、坊には門があった。実は、この形、後世にできた寺院の境内とよく似ていたことから、その主が坊主と呼ばれるようになったという。

「里」もまちと読む。里は田と土が組み合わさった会意文字で、田社《でんしゃ》を祀る場所を意味した。そこで里人たちが、五穀豊穣を祈念して祭祀をおこなった。後世、里は長さの単位となり、中国の一里は500m、日本では約4㎞の長さとなった。

「町」は、まちのなかで一番よく使われる漢字である。もともとの意味は、田と田の間、畦《あぜ》道をさした。後世、町も長さの単位となり、一町は約110m。また、町は面積の単位にもなり、一町は約100アール。

「巷」もまちと読む。もともとは里の道のことをいった。

「街」もまちと読む。街は道が四方に通じ、一定の区画のある街区をさした。

かつて、まちづくりといえば、「町づくり」と書いたり、「街づくり」と書いたりした。しかし、この表記だと、どちらも道づくりになってしまい、人々が集まる、という意味が失われてしまうので、現在は、ひらがなで表記するのがふつうとなった。（冨永）

【column】

大名のルーツ 名古屋

愛知県は信長、秀吉、家康という三英傑を生んだ地として知られているが、名古屋も大名を輩出している。

名古屋市西区児玉町からは、信長の小姓となり、近江佐和山5万石から若狭一国の大名となり、安土築城の総奉行となった丹羽長秀が出ている。のち、長秀は秀吉と提携し、近江、加賀の一部もあわせた123万石の大大名となった。しかし、長秀の死後、丹羽氏はふるわず、陸奥二本松10万石の大名となった。

同じ西区の山田町比良からは、佐々成政《さっさなりまさ》が出ている。成政は、信長の親衛隊である黒《くろ》母衣衆《ほろしゅう》の筆頭に抜擢され、越前府中3万3000石から越中富山の大名となった。秀吉と確執があったが、許されて肥後一国50万石の大名となった。のち、成政は一揆の責めを負って切腹している。

信長の筆頭家老、柴田勝家は、名東区猪高町の出身である。勝家は、信長の弟の信行に仕え、いっときは信長と対立したが、のちに信任され、越前北ノ庄（現在の福井市）75万石の大名となった。しかし、秀吉と対立して滅んだ。

加賀百万石の藩祖となった前田利家は、中川区荒子の出身。越前府中3万3000石、能登一国23万石、そして加賀、能登、越中にまたがる76万石の大名となり、豊臣政権の五大老の一人となった。嫡男利長は、関ヶ原の戦いでは東軍にくみし、加賀、能登、越中120万石の大大名となった。「加賀百万石」というが、実際は、加賀金沢102万5000石、越中富山10万石、加賀大聖寺10万石で、全部たすと百万石よりも多かった。

秀吉と同郷（中村区）の出身が加藤清正である。清正は、母が秀吉の母、大政所《おおまんどころ》の親戚筋にあたったことから、秀吉子飼いの武将となり、肥後半国25万石、関ヶ原の戦いののちは肥後一国52万石の大名となった。しかし、二代目の忠広の時代に、お家騒動がもとで改易《かいえき》。熊本城を築城したのはこの加藤清正である。

豊臣秀長は秀吉の異父弟である。但馬一国13万5000石、紀伊および和泉64万石、大和郡山116万石の大大名になり、大和大納言と呼ばれたが、秀吉よりも早死にし、子孫にめぐまれなかったため、お家は断絶。和歌山城を築いたのは、この秀長である。（冨永）

【column】

カゴメとメナードは名古屋が本社

愛知はものづくり日本一で知られるが、ものづくりの中身は生産財が多い。その中にあって、誰もが知っているカゴメとメナードは消費財メーカーであり、テレビのコマーシャルに頻繁に出てくる。この2つの会社は、れっきとした名古屋の会社。2社の本社はごく近い。

カゴメ

カゴメの本社は二つあり、中区錦三丁目と東京都中央区日本橋浜町にある。

創業者の蟹江一太郎は、陸軍を退役する時に、上官から「農業をやるなら、洋野菜をやりなさい」といわれて、1899年（明治32）にトマトづくりに着手。陸軍の象徴である五芒星《ごぼうせい》を商標として使おうと考えたが、認められなかった。そこで、三角形を二つ組み合わせた六芒星《ろくぼうせい》にすることで籠を編んだときの目（籠目）を商標とした。これが現在のカゴメのルーツ。

1903年にトマトソースの製造に着手する。1908年にトマトケチャップとウスターソースの製造開始。1914年（大正3）に愛知トマトソース製造を設立し、昭和に入ると、トマトジュースも発売した。1949年（昭和24）、現在のカゴメの前身にあたる愛知トマト株式会社設立。トマト食品のトップメーカー、「お客さまファン株主」でも知られる。

メナード

日本メナード化粧品の本社は、名古屋市中区丸の内三丁目にある。「メナード」という社名は、ギリシャ神話に登場する美の女神「メイナド」から命名された。

創業者の野々川大介が、1941年（昭和16）にダリヤ商事を発足させ、一般化粧品の製造販売を開始。1959年に、ダリヤ工業（現・ダリヤ）より訪問販売化粧品部門を分離。現在の本社ビルは1971年に新設した。

1976年に三重県青山町にメナード青山リゾートを開設。1987年には小牧市にメナード美術館を開設した。小牧市は、創業者夫妻の出身地である。

メナードといえば、CMに出てくる女優の岩下志麻が有名だ。契約以来、すでに40年もたっており、ギネス物という。また、毎年おこなわれる「名古屋ウィメンズマラソン」のゴールドスポンサーになっていることでも知られる。

（冨永）

Ⅳ 伝説を歩く

名古屋の河童伝説

【中川区】

鹽竈神社

鹽竈《しおがま》神社と西日置商店街

名古屋市中川区西日置の商店街の一角にある鹽竈神社は「安産」の御利益があるといわれている。この神社の由来は、1610年(慶長15)に徳川家康から諸大名に名古屋城築城が命ぜられた際、奥州国の武将岩田藤忠公が名古屋城築城工事安全・無病息災を祈念し、奥州(今の宮城県塩竈《しおがま》市)一之宮神社の御分霊を尾張国に迎えられたことによる。当初は名古屋城内に祀られていたが、お城の完成に伴い、1835年(天保6)に西日置に鎮座され、現在に至っている。かつては入江が近くにあり、堀川や運河での航行安全を願う

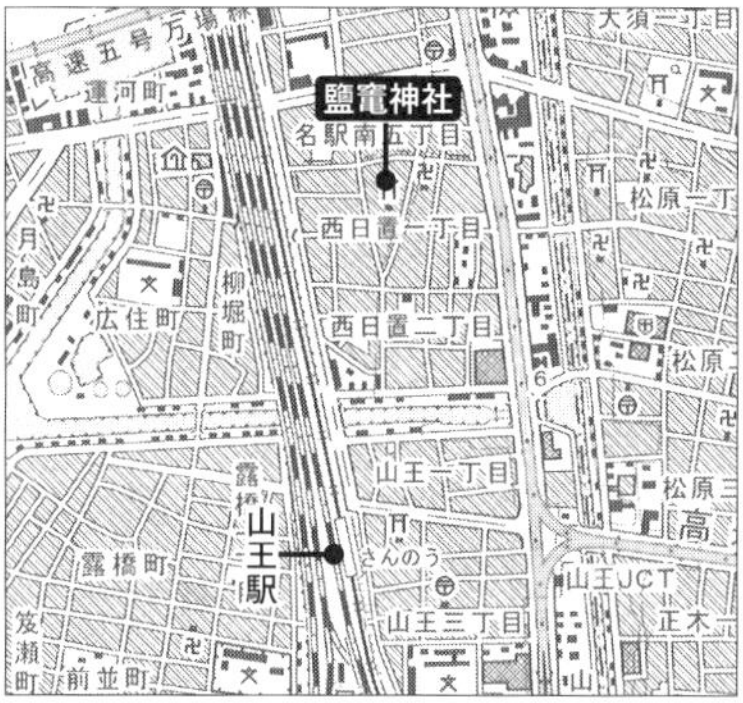

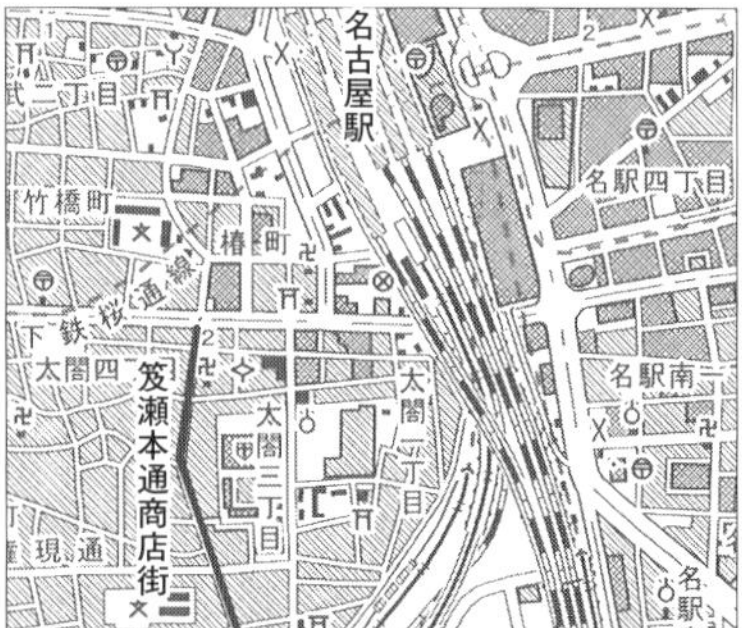

◉所在地＝・鹽竈神社：中川区西日置 1-7-10
・笈瀬本通商店街：中村区太閤３
◉交通＝・鹽竈神社：名鉄本線「山王駅」
・笈瀬本通商店街：ＪＲ「名古屋駅」(太閤通口)

無三殿社（かっぱの神様）

御利益がある海の神様でもある。堀川の開削工事を進めた福島正則は手水石《ちょうずいし》を奉納したが、正則は豊臣家の家臣だったので手水石は瓢箪型に掘られている。この手水石は本殿の窓越しに外から見ることができる。

また、この辺りには河童《かっぱ》にまつわる伝説があり、鹽竈神社には河童の神様として「無《む》三殿《さんど》社」の像がある。この神様は妖怪としてではなく、痔を治す神様、商売の神さん、子供の守護神として親しまれている。

1673年から1681年に尾張藩の武将松平康久《まつだいらやすひさ》入道無三の屋敷が、江川と笈瀬川を結ぶ三間杁筋《さんげんいりすじ》（山王橋の西北角）近くにあり、無三殿《むさんどの》と呼ばれ、これが訛って「むさんど」とよばれるようになった。昔から無三殿の橋から、すそを端おってお尻を川に映すと痔の悪い人は川神さまが直してくれるといういい伝えがある。杁には無数の「すっぽん亀」が棲息していたといわれ、この伝説は河童の化身である「すっぽん」が痔をかみ切ってくれたことに由来している。この河童は川神さまとして崇められ、「無三殿大神」として祀られるようになったというい伝えがあるが、多くの庶民は「むさんどさん」と親しみを込めて呼んでいた。また、昭和の初め、市電江川線改修工事の時に巨石が掘り出され、1934年（昭和9）にこの巨石がむさんどの神様として、鹽竈神社に祀られるようになった。なお、毎年8月の第1日曜日に「カッパ祭」が、4月と10月の日祝日に「カッパ寄席」がおこなわれている。

笈瀬通交差点の河童像

須佐之男神社前の河童像

笈瀬本通商店街

河童にまつわる伝説は、中村区にもあり、「笈瀬《おいせ》本通商店街」では河童がシンボルになっている。昔、笈瀬川に子供好きの河童が住んでおり、この河童が力持ちの男の子に変身する特技があり、ある日、川でおぼれた子供を助け、「人助けの河童」と呼ば

笈瀬本通商店街の河童がデザインされた街路灯

れたという伝説がある。北から南へと流れる笈瀬川と江川（現在の市道江川線）は露橋あたりで結ばれていて、笈瀬川にも河童伝説がうまれたと思われる。笈瀬川が笈瀬通に姿を変えたところにある笈瀬本通商店街は、人助けする河童伝説を生かし、家計を助ける商店街を目指して「河童商店街」として商店街活性化を進めている。

　笈瀬本通商店街振興組合によって「河童像」が商店街入口の太閤通と笈瀬通の交差点に2基設置されている。その他、地元の公職者から寄贈された「河童像」も商店街の通りにある須佐之男神社前に設置されている。

　笈瀬本通商店街のすぐ北側にある椿神明社は伊勢神宮の外宮に見立てられた社で、豊《とよ》宇《う》気《け》比《ひ》売《め》命《のみこと》を祀ってある。庄内川の支流から名古屋駅西の椿神明社の東側を通り、笈瀬通（笈瀬商店街）にかつて流れていた笈瀬川は「お伊勢川」とも呼ばれていた。この辺りは伊勢神宮の領地だったことによるといわれている。

（小宅）

八事に残る宮本武蔵の碑

【昭和区】

半僧坊の由来

八事と杁中の間に半僧坊という地名があるのをご存じだろうか。この地が、「新免政名之碑」がある臨済宗方広寺派の半僧坊新福寺への参道入り口にあたることからこの地名が付けられた。この寺は1886年（明治19）に浜松市の大本山方広寺の別院として南大津町（現・中区）に創建され、1910年に現在の地に移転した。この時、廃絶していた静岡県新福寺からもたらされた本尊阿弥陀如来像の頭中には、1100年余り前に修法の護摩《ごま》の灰から造られた観音菩薩像が納められていると伝えられている。

半僧坊の名の由来については、方広寺開山の無文元選聖鑑国師（後醍醐天皇皇子）が明《みん》からの帰途、嵐にあってあ

新福寺本堂

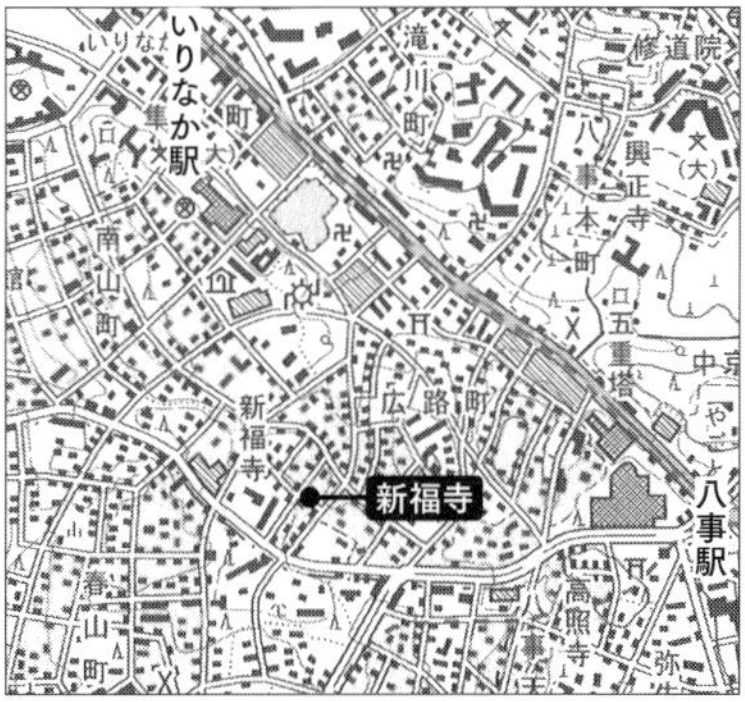

◉所在地＝昭和区広路町松風園68半僧坊新福寺
◉交通＝地下鉄「いりなか」または「八事」または市バス「南山」

新免政名の碑

わや遭難するかという時に現れ助けた半俗半僧の人物を半僧坊と呼んだことに因ると伝えられている。このほか、その人物が常人の半分ほどの背丈だったことから、半僧坊と呼ばれたとの説もある。また、この人物は観音菩薩が姿を変えて現れた（権現）ものとも伝えられている。

新免政名とは何者？

さて、新免政名《しんめんまさな》の碑は、以前は半僧坊近くにあった曹洞宗の鳳凰山新豊寺に設置されていた。新福寺の阪上住職の話によると、この寺が廃寺となりそのまま放置されていたのを、先代住職が60年ほど前に新豊寺三世玄透和尚、四世燈外和尚の碑とともに引き取られたとのこと。この石碑は、新免政名の１４９年忌にあたる１７９３年（寛政５）５月19日に円明流の市川六郎右衛門長之が門弟とともに供養のため建てたものである。

ところで、新免政名とは何者であろうか。それを知る手掛かりは兵法書『五輪書』にある。この書の著者宮本武蔵（１５８４?〜１６４５）は、「新免武蔵守藤原玄信」と署名している。新免氏は播磨（現・兵庫県）守護赤松氏の一族で美作《みまさか》（現・岡山県）の名門である。武蔵没後に養子の伊織が建てた碑にも「新免武蔵玄信二天居士播州赤松末流…」と記されている。出身地の村名の宮本より名流の新免氏を採ったのであろう。では、政名の名は何に由来するのであろうか。これは、武蔵が没して70年ほど後に刊行された『今朝武芸小伝』にこの名が記載され流布したことによる。このため伊織の子孫である小倉の宮本家や二天一流の門弟の史料には政名の名は用いられていない。年を経るうちに尾張の門人たちに玄信の名が誤り伝えられたのであろうか。

三世玄透、四世燈外和尚の碑

宮本武蔵は、1624年から1643年ころのある時期名古屋を訪れ、尾張藩士寺尾直政の依頼を受けて弟子の竹村与右衛門をこの地にとどめたと伝えられている。そのため円明流は尾張藩とその支藩高須藩（現・岐阜県海津市付近）で盛んとなった。側面に燈外和尚による新免政名の履歴とともに円明の術について三言二十句の文字が刻まれている。

なお、宮本武蔵（新免政名）は六十余度の戦いで一度として敗れたことがないことから、ゲンを担いでお守りにしようと墓石の一部を打ち欠こうとする不届き者が現れるとか。

周辺散策のすすめ

半僧坊から南へと往年の参道を辿ると、隼人池のそばの宝珠院では、名古屋市指定天然記念物のイヌナシの木を見ることができる。

杁中からの道をとると南山教会や南山学園の落ち着いた佇まいの講堂やライネルス館（国登録文化財）を目にすることができる。ライネルス館は南山学園の歴史と教育に関する資料を保管・調査するとともに2015年11月から常設展示室を公開している。

昭和美術館に立ち寄って書画と茶道具を鑑賞し、ゆったりとお庭を眺めてから新福寺を訪ねるのも一興であろう。お寺の近くの雲雀ヶ丘や南山には飲食を楽しめるお洒落なお店も散在する。（水谷）

【千種区】

意外な出会い

——鉈薬師　円空の世界

鉈薬師の門

地名になった名医

覚王山日泰寺の毎月21日の縁日には、覚王山通から続く参道や境内に食物、衣料、植木などを商う屋台が立ち並び、行き交う人々の波は壮観ともいえる。

その雑踏を抜けて日泰寺の西北方向に200mほど行くと、17体の円空仏を拝観できる医王堂、通称鉈薬師《なたやくし》が木々に囲まれひっそりと佇んでいる。このお堂は、日泰寺の縁日の毎月21日のみ開かれる。敷地への入口には立派な門が構えられており、その両脇に中国の文官風の石人が立っている。門を入ると、右手に「医王堂」の扁額が掲げられたお堂が目に入る。

このお堂は、樋口好古の『那古野府城志』によると、張振甫《ちょうしんぼ》が尾張藩二代藩主徳川光友の援助を得て、上野村（現・千種区）の荒廃した陽徳院の薬師如来像を振甫山に移し安置するため1669年（寛文9）に建てたものという。内藤東甫《とうほ》の著作『張州雑志《ちょうしゅうざっし》』には、張氏は堂内には位牌を安置し、付近に墓を営んでいた

●所在地＝名古屋市千種区田代町観音道西13- 1
●交通＝地下鉄「覚王山」

鉈薬師（医王堂）

と記されている。

　張振甫は、明朝の滅亡後、日本に亡命した帰化人で、長崎で医術を修めて京都で開業し、尾張藩初代藩主徳川義直の知遇を得て侍医となるよう求められた。しかし、多くの人の治療ができなくなるからと固辞し、城下の堀詰町（現・西区）に屋敷地を賜り必要な折に出仕することとなった。後に徳川光友から上野村に領地を与えられて居住したため、その地が後に振甫町と命名されることとなった。医王堂の名は、張振甫が名医として評判が高かったことに由来する。

門に取り付けられた三葉葵の紋

棟方志功も涙した円空仏

　明治維新を経て、このお堂は張氏の手を離れ、1909年（明治42）に現在地に移築された。その折に尾張徳川家の菩提寺である建中寺の塔頭《たっちゅう》の門を譲り受けて敷地の入口としたと伝えられており、この伝承を証するかのように門の扉には木彫の三葉葵の紋が取り付けられている。

　堂内正面の壇上中央に薬師如来坐像、向かってその右に日光菩薩立像と阿弥陀如来坐像、左に月光菩薩立像と観音菩薩坐像が安置されている。本尊は、陽光院に伝来した平安時代末から鎌倉時代の作といわれる寄木造りの薬師如来坐像である。堂内両側に設けられた壇上には、右側の奥から、子・丑・寅・卯・辰・巳像の6体が、左側の手前から善財童子・午・未・申・酉・戌・亥の各神将像が安置されている。十二神将は、薬師如来とその信者を守護する天部の神で、薬師如来の12の大願に応じて12の方角を守る。そのため十二支を割り当てられている。

本尊を除くこれら17体の像は、円空が鉈で彫ったと伝えられる。円空は江戸時代前期の僧で、12万体の造像を発願して美濃（現・岐阜県）に生まれ、西は大和（現・奈良県）から北は蝦夷（現・北海道）まで行脚し、独創的な像を各地で制作した。現在５００体以上の作が確認されているが、とくに愛知県と岐阜県に多く、名古屋では荒子観音や龍泉寺に多数の作品が残されている。簡素な表現ながら表情豊かな円空仏のファンは多く、海外でも高く評価されている。版画家の棟方志功がこのお堂を訪ねた折、十二神将の辰の像を見て感激のあまり抱きついて涙を流したという。なお、堂内の円空仏の写真撮影は許可されていない。

造像の材木はどこから?

さて、円空の造像の材木はどのようにして調達されたのであろうか。名古屋城築城の残材を用いたとの説もあるが、根拠が明らかではない。『那古野府城志』に「（徳川光友から）再建料御材木を賜り、寛文九酉年ここに移し、小宇を造り日光月光二菩薩十二神の像を新彫して安置せり。この仏像は新木のままにて鉈作りと云う」との記述があることから、円空がお堂再建用の材木の残材を用いて制作したとの説がある。１９７８年の調査で、十二神将の午の像の頭部に尾張藩の川並奉行が北方村（現・一宮市）で押した改印があることが判明した。木曽川を経由してもたらされた木材が使用されたのであろう。

この地は西に眺望が開け、名古屋の街のみならず、晴れた日には遠く養老や鈴鹿の山並みが見渡せる景勝地である。そのため、詩歌、生花、絵画などの愛好者が集うサロンでもあった。敷地内に、尾張の生んだ南画家山本梅逸と文人画家中林竹洞の碑や竹酒舎の歌塚などが散在する。（水谷）

文化の道の風と伝説

【東区】

那古野《なごや》の街は、1610年（慶長15）に徳川家康より下された命により、名古屋城の築城に伴って人工的につくられた。いわゆる1612年から1616年の「清須越し」（本書77ページ参照）である。

もともとは熱田台地（名古屋台地）の縁へ50年以上前に今川氏親が城を築いており、今の二の丸あたりで織田信長が生誕したという説もある（今では勝幡説が有力とのことだが）。その地に新たな城を建て直し、城を北端として碁盤割に区画し、城下町を清須から移転したのである。現在の錦から丸の内二丁目・三丁目にかけて、織田信秀が開基した5万5000坪の万松寺があった。この尾張織田家の菩提寺を半減させて南の大須へと移転させ、織田ゆかりの地を消し去る目的もあったのであろう。

風通しを意識した町割り

現代では陽当りの関係で南面を意識して建物は建てられるが、名古屋城は真南からやや東のほうへ若干振れている。碁盤割も同様で、その城下街の筋も名古屋城に沿って真南ではなく、やや東に振れて走っている。私見ではあるが、これは名古屋の暑い夏を乗り切る施策ではないかと考えられる。すなわち、この地

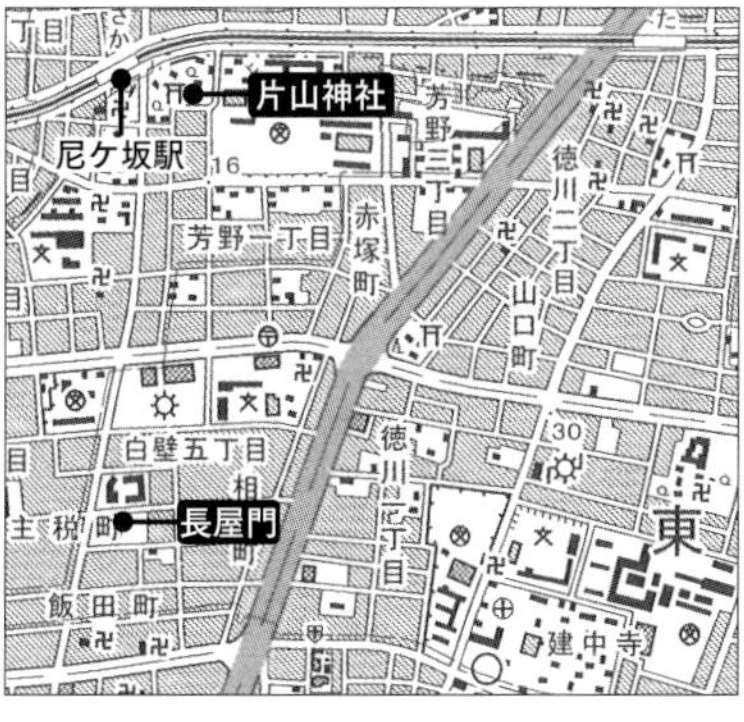

●所在地＝東区芳野 2-4-28
●交通＝名鉄「尼ケ坂駅」

主税町長屋門（江戸期）

片山神社（尼ケ坂）

天狗の腰掛けた御神木址

は夏になると東南の風が吹くことから、城下の各屋敷に風を通せるようにと配慮したのではないかと、現在、その地に住む者として推測してしまう。それがもし事実なら、人工都市ならではの工夫ともいえるであろう。

江戸にも伝わった天狗のお囃子

撞木《しゅもく》町から主税《ちから》町界隈は当時の筋のままに今も配されており、主税町長屋門は江戸当時のままの位置で、今もやや東に振れた筋に沿って建ち続けている。冬になると北西の伊吹おろしが吹き荒れる。この長屋門の北には、創始が６８４年または７０９年といわれている片山神社の大きな杜がある。

江戸時代の晩秋から真冬にかけては伊吹おろしの風にのり、この杜の天狗が叩く太鼓の音が一晩中鳴り響いてきたという。

この天狗伝説は江戸でもたいそうな評判となり、その調べが江戸に伝わって神田明神のお囃子となったと口伝されている。

片山神社は江戸時代には片山天神社（従三位）と呼ばれていた。祭神は蔵王権現、釈迦如来と千手観世音菩薩と弥勒菩薩の三位一体の変化神で過去・現在・未来を象徴する神であり、参拝すると、蔵王権現のお使いである龍神の見事な木彫りの下、過去と現在とを省み未来を祈る自分の姿がガラス窓に映るのと対峙することができる。

片山神社の最寄駅は名鉄「尼ケ坂」駅であるが、神社の東には「坊ケ坂」と呼ばれる道がある。つまり、神社の正面東側を「坊」が通り、神社西側を「尼」が通っていたようである。片山神社のすぐ東には名古屋市立工芸高校（市工芸）がある。高校の西南角には、愛知県第一師範学校（旧愛知養成学校。現在の愛知教育大学の前身にあたる）のレンガ塀が今も残されている。これは1871年（明治4）に文部省が設立されて翌年に「学制」が流布され、翌1873年に築かれたものである。市工芸の北面には高木が今も残っており、天狗が棲んだといわれる片山神社の杜を削って学校が建設されたと推測される。

神話と現代を結ぶ縁

市工芸の北面の杜の東端には、個人が建てた市義稲荷神社があり、その横の民家との狭間には伊斯許理度売命《いしこりどめのみこと》を祀る社がひっそりと佇んでいる。これは名古屋城の普請を監督した竹腰正信公（3万石）が、江戸大火（1682年）の翌々年にあたる1684年

社殿にある双龍の彫刻

市工芸南西角のレンガ塀

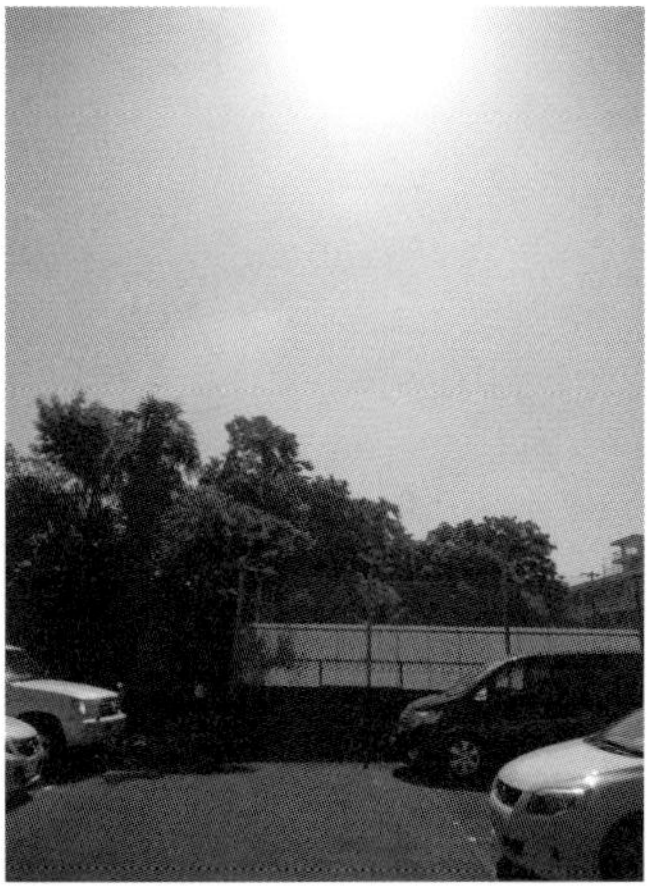
市工芸北面の高木

に新屋敷（別邸）をこの地に構えた折に、鬼門除けとして、三種の神器の一つである八咫《やたの》鏡《かがみ》を鋳造した伊斯許理度売命（石疑姥神）を祀ったのが始まりである。伊斯許理度売命は天孫降臨の際の付き添い神として地上に降りた神であり、天照大神の甥、つまり弟の子どもにあたる神で、治工・鋳造の神として知られている。

この神を祀る小さな社の近くに、市立工芸高校が建てられたのも、なにかの縁があってのことと思われる。すなわち、工芸の神の社のおひざ元に、工芸の学び舎が築かれた形となっているのだ。その土地にまつわる人々のおこないが、各時代を結びつけ、愛着のある「まち」を形成していく。往時の建造物だけではなく、神話の時代にもしばしば思いを寄せつつ、季節の風を感じながら、現代の東区界隈をぜひ楽しんでみたい。（山田）

市工芸東端の市義稲荷神社

伊斯許理度売命（いしこりどめのみこと）を祀る社

伊斯許理度売命の石碑（伊藤萬蔵寄進）

熱田神宮の楊貴妃伝説

【熱田区】

楊貴妃の古事（『尾張名所図会』から）

楊貴妃伝説を超えた伝説

楊貴妃といえば、世界三大美女の一人だということは多くの知るところだ。その楊貴妃が名古屋の、それも熱田神宮と深く関わったという知る人ぞ知る話がある。

中国がかつて唐といっていたころのこと。唐は日本を侵略しようと企てた。これをいち早く知った日本の神々は我が国の一大事とばかり協議を始めた。その結論は熱田の大神に一役買ってもらうということだった。その役割とは、楊家の娘として生まれ、やがて皇帝の寵愛を受けて貴妃となり、皇帝を籠絡しようというものだった。

結果は、貴妃の夜ごとにつくす色香によって、皇帝はついに日本侵略を思いとどまった。しかし、玄宗皇帝は反乱をおこした安禄山《あんろくざん》との戦いに敗れて逃げる途中、楊貴妃を

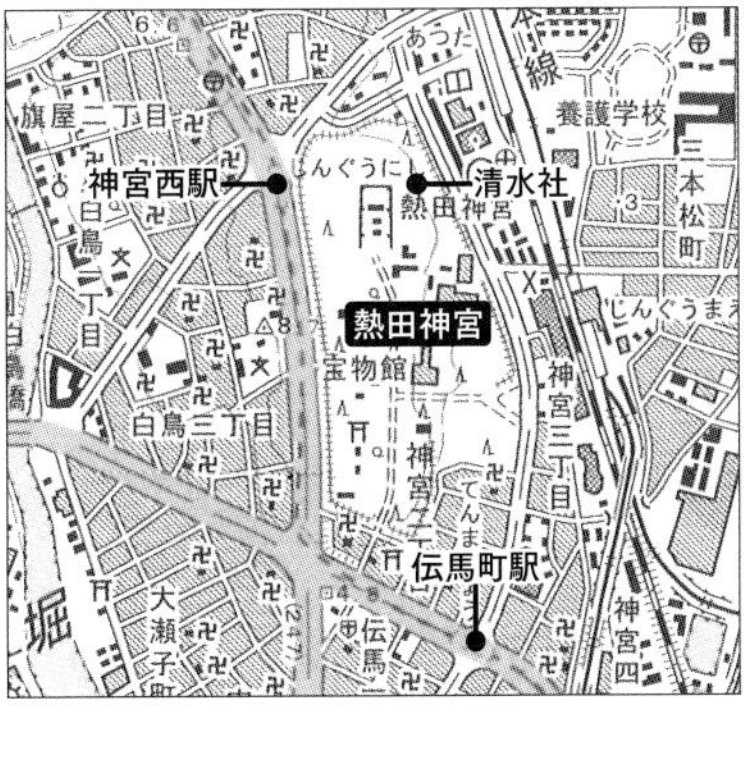

◉所在地＝熱田区神宮 1-1-1 熱田神宮
◉交通＝地下鉄「伝馬町」または「神宮西」

馬嵬坡《ばかいは》で失った。生身の人間ならば一巻の終わりということだが、貴妃はたちどころに本来の熱田の大神となって熱田神宮へ帰ったというのである。

享禄の古図（出典：『熱田神宮の歴史と文化財』熱田神宮宮庁）

右図の白枠部分の拡大図
○部分が楊貴妃の墓（五輪塔）

話はこれで終わりではなく続きがある。楊貴妃を失った玄宗皇帝は寵愛した楊貴妃を忘れられなかった。どこかに楊貴妃の証でもないかと世界中を探させた。一人の使者が蓬莱の地に立ち寄り、熱田神宮に楊貴妃が戻っていることを突きとめた。そして熱田神宮の東門である春敲門《しゅんこうもん》をたたいて玄宗の思いのたけを告げたという。

聞いているうちに、どこかで聞いた話だと気がつく。それもそのはずで、平安時代の日本に大きく影響を及ぼした唐の詩人・白楽天の「長恨歌《ちょうごんか》」からの隠喩になっているからである。

この一連の話は鎌倉時代の頃から世間で流布されたといわれているが、史実を織り交ぜた巧みな話が、単なる伝説ではないのではないかと思わせるところがある。

楊貴妃の墓は実在した？

その証がいくつかある。熱田神宮に伝わる境内図のひとつに享禄《きょうろく》年間（1528～1531）に描かれた古図があり、その一角に楊貴妃の墓が描かれている。それは本殿の後の五輪塔婆と経塔である。また尾張藩士で国学者の天野信景《さだかげ》による随筆『塩尻』、連歌師の谷宗牧《そうぼく》の『東国紀行』や同じく連歌師・里村紹巴《じょうは》の『富士見道記』などに熱田神宮に伝わる楊貴妃伝説が記されている。さらに内藤東甫の『張州雑志』には伝説とともに「楊貴妃墓、今ハ、亡リ」とある。当然のことながら、現在の熱田神宮の境内を探しても楊貴妃の墓といわれるものは見当たらない。では、いつなくなったのかという疑問がわく。

一説に、1686年（貞享3）の境内整備の際に壊され地中に埋められたという。撤去理由ははっきりしていないが、時の宮司や社人が、誰が建てたかわからない得体の知れないものを忌み嫌ったと考えられている。

とにかく、誰もが実際にあった話だと信じていないにもかかわらず、墓が建てられ、いい伝えがその後も流布し、今日にまで続いている理由は何だろう。熱田神宮という信仰の対象が多くの人々に関心が持たれ、かくありなんとする話に頷いたからに相違ない。

お清水の中の苔むした石

いまではパワースポットに

信仰の深さを裏づけるような話がある。熱田神宮の境内の奥、本殿に向かって右の小道を下ってゆくと清水社という小さな社がある。さらに、その背後には古来枯れたことがないといわれる清水がある。

昔からこの清水の水で眼を洗うと眼によいというい伝えがある。これは熱田神宮の近くに居を構えていた平景清が、毎日のように熱田神宮に参拝していたが、晩年、眼を悪くし、この清水へ立ち寄っては眼を洗ったところ快方へ向かったということに因んでいる。

また、この清水の中には一つの苔むした石がある。これに向かって柄杓《ひしゃく》で水を掛け、続けて三度掛かれば願い事が叶うともいわれている。

いつの頃からか、その苔むした石が楊貴妃の墓の一部だといわれるようになった。するとこれに水を掛けてうまく掛かれば楊貴妃のように美しくなれるといわれるようになった。これを伝え聞いた各地の人たちが美人になれるパワースポットだということで多くの人が訪れるようになった。

その真意のほどはわからないまでも、近年は、行列のできることもあるほどの人気スポットになったことは間違いない。（栗田）

雅の音をまもり続けて

【熱田区】

菊田雅楽司の店構え

雅楽って？

神前結婚式で厳粛な気持ちにさせられる楽曲を聴いたことがあるという人は少なくないと思う。それが雅楽である。お祭などで聞く囃子とは幾分違い、少しばかり格調高く聞こえる。

では改めて「雅楽《ががく》とは？」と聞かれても返答に困る。熱田神宮の権宮司《ごんぐうじ》・千秋《せんしゅう》季頼《すえより》氏は雅楽に詳しいことでも有名である。その千秋氏の講演記録『雅楽について』には「雅楽というものは、高尚にして優美な音楽であり、朝廷で奏でられる式楽の総称」とある。また「現在、雅楽といわれる音楽はほとんど平安時代に確立され宮中、公卿《くぎょう》、神社、仏閣で行われた音楽」ともある。

ということは日本の古典芸能の中でも最も古いものの一つになっているということ。当然、それに使われる楽器も古くから伝わる伝統的な楽器ということになる。

雅楽器司という仕事

雅楽に関する詳しい話は別に譲るが、雅楽器についてだけは述べておかなければならない。雅楽器の種類には笙《しょう》・

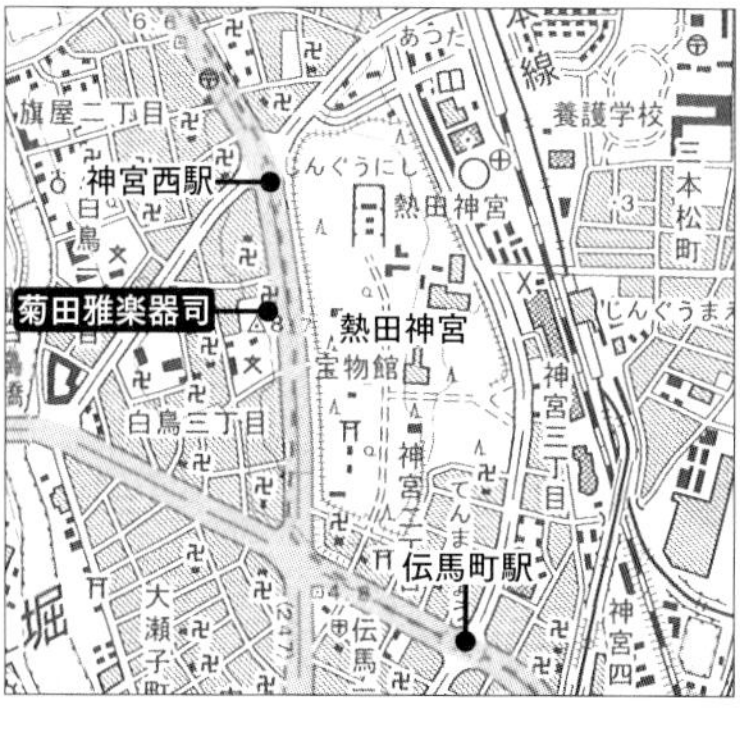

●所在地＝熱田区白鳥 2-12-13
●交通＝地下鉄「神宮西」

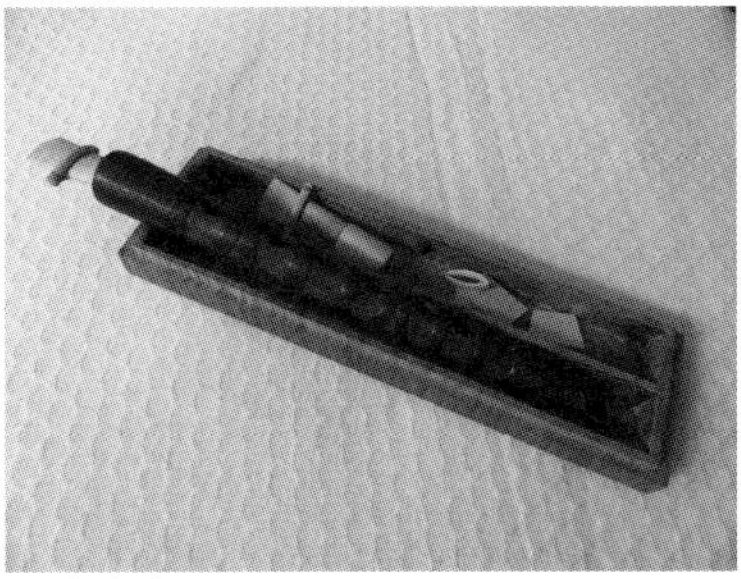

笛（龍笛《りゅうてき》）

店内（打楽器）

店内（笛）

篳篥《ひちりき》・笛という三管と、弦楽器と打楽器とに分けられる。弦楽器には琵琶と楽箏《がくそう》があり、打楽器には太鼓・羯鼓《かっこ》・鉦鼓《しょうこ》などがある。

雅楽器司という言葉も聞き慣れないが、簡単にいえば、雅楽に使われる楽器を扱うことを職業としている人のことである。

雅楽器司の仕事をおこなっているところは全国に4～5店ほどしかない。そんな数少ない店のひとつとして1869年（明治2）創業の店が名古屋市内にある。菊田雅楽器司である。熱田神宮の西門に面しているのだが、前を通っても気がつかないような店構えである。しかしここは全国にも名の知れた店なのである。

店の主人は五代目菊田束穂《つかほ》氏。束穂は創業者の名で代々襲名されてきた。六代目を継ぐ息子さんの菊田雅巳氏から話をうかがった。

菊田家は元をただせば熱田神宮社家の家柄である。言葉を換えれば、熱田神宮の創祀以来ずっと草薙神剣《くさなぎのみつるぎ》を守り続けてきた世襲神職の家ということになる。だが、それも明治になり「太政官布告」の公布後、世襲制度が廃止されて熱田社家はなくなった。

現在でもそうだが、神職は何らかの雅楽器を演奏できる。菊田家は社家の離散後の職として、神職の中でも優れた奏者だったのを活かしていち早く雅楽器司を選んだ。

菊田家は、現在も旧社家で構成されている熱田神宮朱鳥会のメンバーの一員として草薙神剣とのつながりを保ち続けている。

雅楽器をどうする

菊田雅楽器司では雅楽器の製作・修繕・販売をおこなっ

竹の加工と菊田雅巳氏

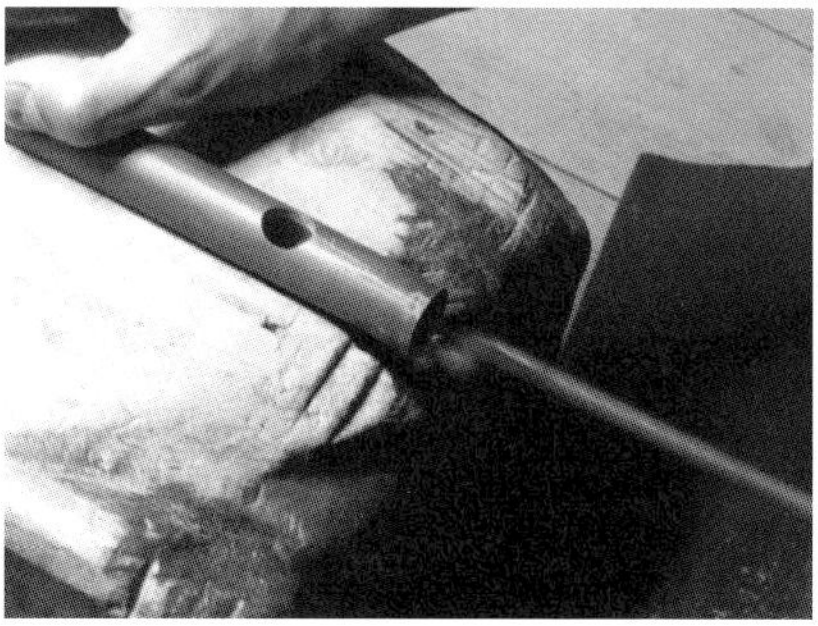

竹の加工（内側を削る）。木の台は先々代から使われているもの

ている。祖父の時代にはよく宮内庁からの修理も受けていたという。現在でも数は少なくなったが依頼がある。

製作という面からいえば、打楽器と弦楽器は別の所でつくってもらっており、ここではもっぱら三管を扱っている。その中でも最も多いのが笛である。笛にも種類があり、龍《りゅう》笛《てき》、能管《のうかん》、篠笛《しのぶえ》がある。雅楽に使われる龍笛に対し、能管は能で使われるものだが、喉《のど》といって管の内側が一部細くなった特殊な構造を持っていて、管楽器の中でも世界的に珍しい楽器とされている。篠笛は祭礼に使われる笛である。

笛をつくるのにもっとも難しいのは材料の入手だという。篠笛の材料は白竹《しらたけ》といって普通の竹を切ってくればよいが、雅楽器に使う竹は煤竹《すすたけ》といって昔からの民家で囲炉裏《いろり》から出る煤で何年も燻《いぶ》された竹を使う。いわば建築廃材といってもいいのだから、近い将来になくなることが危惧される。

制作の前準備として材料の竹を水に浸した後に「タメシ」という竹をしごいて癖をとる作業を十分におこなう。その後2年間、自然乾燥の状態に置いて養生する。皮肉にもこの工程中によい竹ほど割れやすいという。その後両端に節がくるように切り揃え、穴を開け、肉を削ぎ、漆を塗って乾燥後、籐や樺を細くしたもので巻いて仕上げる。

特殊な楽器を扱う特殊な職業なだけに、年々仕事量が減っているのではないかと心配になる。ところが意外な言葉が返ってきた。「それほど減っていないんです。若い人が興味を持って雅楽器の演奏を始めたいと店に訪れてくる人も少なくないですよ」という。

ということで、熱田神宮へお参りの折にでも店を訪れれば、雅楽器を見せてもらったり、いろいろな説明が聞けたりもできそうである。（粟田）

【column】

信長の知られざるエピソード

織田信長といえば癇性で気に入らないとすぐに敵将や部将の首をはねるといった話が伝えられている。

しかし、実のところ思いやりがあり、好奇心の強い知りたがり屋で、よく気の付く人柄でもあったようだ。

その一

清須城主の頃、近くの「あまが池」に大蛇が現れるという話を聞き、村人に池の水を掻《か》い掘《ぼ》りさせて探したが見つからず、ついに信長自ら懐剣を口にくわえて飛び込んだが何も見つからなかったという。

この池は西区山田町比良にあり、現在は蛇池公園として市民の遊び場所となっている。

その二

桶狭間の合戦では、途中熱田神宮の社頭で戦勝祈願をおこなったが、このとき旗印にもある永楽銭を投げ、全部が表になったパフォーマンスを披露し戦勝疑いなしと士気を鼓舞した。のちに戦勝のお礼に日本三大土塀の一つとして有名な信長塀を寄進した。ちなみにこの塀は、のちに安土城をつくった熱田大工の棟梁岡部又衛門の作。

その三

桶狭間の戦に先立つ1554年（天文23）知多郡東浦町にある「村木砦の戦い」では家来の多くが傷つき戦死したがこのとき信長は涙を流して家来たちを労ったという。

その四

信長は酒を好まず、部下にも勧めることがなかったが、南蛮渡来の赤ワインを血の酒といって部下に飲ませたという。宣教師のルイス・フロイスから贈られた金平糖を喜んだという話や、宣教師が持ち込んだオルガンの音楽を好んだ話などが伝わっている。

その五

越前朝倉攻略（1570年）の帰路、鉄砲の名手、杉谷善住坊に襲撃されたが、たまたま懐にしていた万松寺住職から贈られた干し餅に当たり命拾いした。ここから名古屋大須では身代り餅がふるまわれるようになったという。

これらの話は信長に仕え、信長没後、秀吉の検知奉行などを務めた太田牛一が書いた『信長公記《しんちょうこうき》』や、太田牛一旧記、ルイス・フロイスの報告書などに書かれている。（水野）

参考文献

『愛知郡誌』１９２３年
朝日新聞社編『名古屋城物語』１９６６年
天野信景『塩尻』（随筆）
『熱田問答集』（熱田神社問答雑録）１８０４年
奥田助七郎『名古屋築港誌』名古屋港管理組合、１９５３年
越澤明『後藤新平　大震災と帝都復興』筑摩書房、２０１１年
小嶋泉「二躯の大日如来像――興正寺ならびに水野平蔵家伝来」『名古屋市博物館研究紀要』30号、２００７年
小島梯次「鉈薬師の円空仏　総説円空仏覚書（６）」『行動と文化』第１８号、行動と文化研究会、１９９１年
里村紹巴（連歌師）『富士見道記』室町後期
昭和区政50周年記念事業委員会編『昭和区誌』昭和区役所、１９８７年
『新修名古屋市史』第３巻、第４巻、第８巻自然編、名古屋市、１９９９年
『新福寺』半僧坊新福寺法務寮、１９８１年
杉原幸子／杉原弘樹『杉原千畝物語』金の星社、１９９５年
谷宗牧（連歌師）『東国紀行』室町後期
千種区制施行50周年記念事業実行委員会編『千種区史』１９８７年
内藤東甫『張州雑志』巻94／『張州雑志』第12巻、愛知県郷土資料刊行会、１９７６年
内藤正参（東甫）『張州雑志抄』熱田神宮宮庁、１９６９年
永井勝三『鳴尾村史』本鳴尾土地区画整理組合、１９７１年
中川区政50周年記念事業委員会編『中川区誌』中川区役所、１９８７年
中村区制施行50周年記念事業実行委員会編『中村区誌』１９８７年
名古屋港管理組合『名古屋港開港一〇〇年史』２００８年
名古屋市博物館『大にぎわい　城下町名古屋』２００７年
『名古屋商工会議所１００年史』１９８１年

名古屋中川鉄工協同組合『創立50週年記念誌――名古屋中川鉄工協同組合50年のあゆみ』２００８年
『東区の昔話と伝説』名古屋市東総合庁舎建設後援会、１９７３年
樋口好古『那古野府城志上（尾張徇行記１）』『名古屋叢書』第９巻、名古屋市教育委員会、１９６３年
細野要斎『感興漫筆』巻31／『名古屋叢書』第22巻、名古屋市教育委員会、１９６２年
森下永敏『心の平和を探し求めて――チャンバリン建立物語』倶利伽羅不動寺書籍部、２００５年
山田寂雀『中川区の歴史』愛知県郷土資料刊行会、１９８２年
シンポジウム「日本の技術史を見る眼」第21回公演報告資料集（「堀川の橋～産業遺産としての中橋と岩井橋～」）２００３年２月22日
千秋季頼『雅楽について』（講演記録）熱田神宮朱鳥会、１９９９年２月１日

おわりに

本書のメンバーを紹介しましょう。

町名にもなった名古屋最古の民間企業を知っていますか？　桶狭間の戦いで負傷し、「城下で鍋釜でもつくれ」と信長に命じられて以後、織田・豊臣・徳川の三時代において名古屋城下での鋳物業を許され、名古屋最古の会社として鍋屋を代々続けている現当主の水野孝一。

１９００年以上の歴史を誇る熱田神宮を護る社家をご存じでしょうか？　朱鳥《あかみとり》元年（６８６）、時の帝より「熱田神宮へ草薙神劔《くさなぎのみつるぎ》を戻し、これを護れ」と勅命《ちょくめい》を受けて、一族郎党で京都から名古屋へと引っ越してきた一族の末裔であり、熱田神宮をこよなく愛す栗田益生。

全国各地の流行といえば武将隊。このアイデアを日本で最初に考案した漢《おとこ》が地域産業政策研究センターの冨永和良。

名古屋市博物館に長年勤め、今は学芸員を育てる側にもまわり、古今東西の博識を遺憾なく発揮してこの本の屋台骨となっている水谷栄太郎。

名古屋市の市民経済局で商店街振興や観光・ＭＩＣＥ振興に尽力し、名古屋の「観光・まちづくり」を生涯にわたってきわめ、定年退職後のほうがより多忙となってしまったＪＡＺＺをこよなく愛す小宅一夫。

日本初の科学技術コーディネーター7人のうちの1人であり、今は亡き恩師である小坂岑雄先生からのご縁により、私、山田和正は、諸兄と出会い、「我々の知らない名古屋の名所を語れ」と諸兄より詰問されたのが始まりで、メンバーに

加わり、思えば今に至っています。

「建中興正」は、「中を建て、正を興す」と読みます。徳川家が築いた祈願寺の和尚より口伝《くでん》された、名古屋生まれの大切な言葉であり、徳川の長き治世の真髄に触れる言葉です。尾張徳川家の菩提寺である建中寺の欄間に描かれた三光鳥は極楽浄土に飛ぶ鳥ですが、季節が巡ると三光鳥はこの辺りにも飛来します。ちなみに「月日星」とさえずる三光鳥は江戸中期までの絵巻には鳥鳳と記されており、その鳴き声から三光鳥と呼ばれるようになりました。まさに極楽浄土に近いような、素敵な鳳来の地がここ、名古屋なのです。まちを深く知ることで普段の生活が豊かになる。知識が増えると、歴史を肌で感じることもできる。靴を履ける人は、靴を履くだけで、歩くときの膝のあがり具合が向上し、転倒予防となる。骨形成には陽にあたるのが肝要で、一日5分でも陽にあたれば骨粗鬆症の予防となる。まち歩きは最もお金のかからない健康的な趣味となり、好きな場所や個性的なフォルム（=形）を探すだけで、それは立派な旅となる。まさに風土という身近な環境が自分の感性を刺激し、嗜好が生まれることで己《おのれ》を覚醒させ、遠く離れたとしても、また、何歳《いくつ》になっても、故郷の空気によって日々自己は蘇生され、踏みしめるこの郷土が自己を育くんでくれる。

歴史が好きだったり、まちなみが好きだったりする嗜好は、元気の源にもなり、まち歩きによって自分を再認識することもできる。つまり、自分のまちを説明できる国際人にもなれるわけです。超高齢社会の中でいつまでも健康的に過ごせるように、最も経済的な趣味として、まちの活性化にも寄与できる、このまち歩きをぜひ広めていきたいと私たちは考えています。

読者の方が本書を機に、「ぜひ一度は現地に足を運びたい」と思っていただけたら幸いです。本書を携えて出向き、人々の生活の息吹きや知恵の豊かさに驚き、豊かなまちの表情を実感してください。実はまだまだ秘めたる文化遺産は多々あり、あわよくば、続編ができることを願ってやみません。

最後に本書編集のために取材協力を賜った官公庁、学校、寺社、教会、企業、団体、市民の方々に、そして昨今の酷暑の中で「楽しかったけれど、くたびれた。ああ、くたびれた」と、わがままな私たちを叱咤激励し、本書完成にまで導いてくださいました風媒社の林桂吾氏に、心より感謝申し上げます。(山田)

＊本書の地図は、国土地理院発行の５万分の１地形図「名古屋北部」「名古屋南部」、
２万５千分の１地形図「名古屋北部」「名古屋南部」「瀬戸」「鳴海」「清洲」、
１万分の１地形図「栄」「熱田神宮」を使用したものである。

［執筆者］
水野孝一（みずの・こういち）1936年生まれ。NPO法人 地域産業政策研究センター 理事

栗田益生（あわた・ますお）1941年生まれ。NPO法人 地域産業政策研究センター 理事、熱田神宮朱鳥会 理事長

冨永和良（とみなが・かずよし）1948年生まれ。NPO法人 地域産業政策研究センター 理事長

水谷栄太郎（みずたに・えいたろう）1951年生まれ。愛知淑徳大学教授

小宅一夫（おやけ・かずお）1953年生まれ。公益財団法人 名古屋観光コンベンションビューロー MICE専門員

山田和正（やまだ・かずまさ）1968年生まれ。国立長寿医療研究センター　医学博士、名古屋歴史まちづくり市民推進員

［協力］
山田美紀子（やまだ・みきこ）1972年生まれ。名古屋歴史的建造物保存活用推進員、一級建築士

［監修］
NPO法人地域産業政策研究センター

編集会議にて

装幀／三矢千穂

秘められた名古屋——訪ねてみたいこんな遺産《とこ》

2015年12月25日　第1刷発行　（定価はカバーに表示してあります）

著　者　水野孝一、粟田益生、冨永和良、水谷栄太郎、小宅一夫、山田和正

発行者　山口　章

発行所　名古屋市中区上前津 2-9-14　久野ビル
電話 052-331-0008　FAX052-331-0512
振替 00880-5-5616 http://www.fubaisha.com/
風媒社

乱丁・落丁本はお取り替えいたします。　＊印刷・製本／シナノパブリッシングプレス
ISBN978-4-8331-0166-0

溝口常俊 監修

明治・大正・昭和 名古屋地図さんぽ

廃線跡から地形の変遷、戦争の爪痕、自然災害など、地図に刻まれた名古屋の歴史秘話を紹介。新旧の地図を頼りにまち探索に出かけよう！ 見慣れたまちの向こうに驚くべき歴史の痕跡が見えてくるかも。

一七〇〇円＋税

溝口常俊 編著

古地図で楽しむ なごや今昔

絵図や地形図を頼りに街へ出てみよう。なぜ、ここにこれがあるのか？ 人の営み、風景の痕跡をたどると、積み重なる時の厚みが見えてくる。歴史探索の楽しさ溢れるビジュアルブック。

一七〇〇円＋税

池田誠一

なごやの古道・街道を歩く

大都市名古屋にもこんな道がかくれていた！名古屋を通っている古道・街道の中から、江戸時代のものを中心に二十二本の道を選び収録。街道ごとに、その道の成立や全体像、そして二〜三時間で歩ける区間を紹介。

一六〇〇円＋税